prometeo
libros

TELEVISIÓN DIGITAL TERRESTRE:
¿CAMBIO DE ESTATUTO DE LA RADIODIFUSIÓN?

Ana Bizberge

Televisión Digital Terrestre: ¿cambio de estatuto de la radiodifusión?

prometeo
l i b r o s

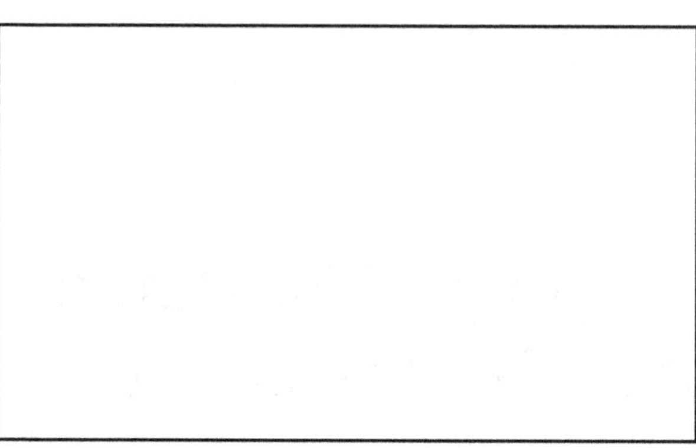

©De esta edición, Prometeo Libros, 2010
Pringles 521 (C11183AEJ), Ciudad de Buenos Aires, Argentina
Tel.: (54-11) 4862-6794 / Fax: (54-11) 4864-3297
info@prometeolibros.com
www.prometeoeditorial.com

Cuidado del texto, diseño, diagramación y edición técnica:
Taller de Edición/Espinosa
tallerdeedicion@speedy.com.ar
blancoynegro@interbourg.com.ar
(54 11) 15 3557 1492

Índice

Prólogo
La televisión digital y la transformación de las Industrias Culturales

Guillermo Mastrini

Las industrias culturales ocupan cada día más el centro de atención de académicos de las ciencias de la comunicación, pero también de otras disciplinas como la sociología, la ciencia política o la economía. Esta creciente preocupación por el conocimiento de su funcionamiento es acompañada por importantes inversiones en el sector, que han tornado a las industrias culturales en uno de los más dinámicos de la economía actual.

El crecimiento económico ha sido acompañado por una radical transformación tecnológica, el paso de la producción analógica a la digital. Si la especificidad de los bienes simbólicos habían supuesto enormes dificultades a la hora de alcanzar un modelo económico y legal (que sólo fue plenamente alcanzado en la segunda mitad del Siglo XX), la digitalización de las industrias culturales altera profundamente dicho modelo, lo pone en crisis, lo desafía al punto que tanto productores, empresarios como académicos deben introducirse en un mundo casi nuevo: el de la economía y la política de la producción simbólica en entornos digitales. En el nuevo entorno abunda lo que era escaso, los modos de financiamiento tradicionales han perdido importancia, y las audiencias masivas han dejado lugar a nuevas e interactivas formas de comunicación.

La televisión, que ocupa un lugar central dentro de las industrias culturales, no ha escapado ni a dicha transformación, ni a la incertidumbre que ella genera. La transición a la televisión digital en todo el mundo ha dado sobradas muestras de enormes dificultades: postergaciones del apagón analógico, varios modelos de negocios que no dieron frutos e incluso un tímido interés de las audiencias. En Argentina, se destacan las numerosas idas y vueltas siquiera para definir el estándar tecnológico y un marcado desinterés de los principales operadores privados.

El libro de Ana Bizberge aborda, con rigor académico, una tarea muy importante como es el análisis del proceso político que procura dar inicio a la televisión digital en Argentina. Constituye uno de los trabajos pioneros en la materia, una contribución muy importante de cara a conocer los diversos intereses que se entrecruzan en este momento fundacional. Lo hace desde la perspectiva de la economía política de la comunicación, que permite articular las relaciones de poder con los factores económicos. De manera sumamente interesante, Ana Bizberge, investiga el surgimiento de la televisión digital, presenta abundante y novedosa información (datos y entrevistas) que nos acercan al sinuoso objeto de estudio.

Indagar sobre el estado de la televisión digital, implica indagar sobre el estado mismo de las industrias culturales. El trabajo de la autora nos ayuda a introducirnos en el conocimiento de este sector productivo que cada día tiene más incidencia en la estructura económica. Como se ha señalado en el inicio, las industrias culturales se hallan en un período de transición y transformación de sus fundamentos económicos.

Cabe recordar la brecha existente entre la disponibilidad de las tecnologías que permitían el despliegue de las industrias culturales y la consolidación de su modelo económico. A modo de ejemplo, pueden señalarse los más de cincuenta años que pasaron entre el surgimiento de los primeros aparatos dedicados a la reproducción musical y la venta masiva de discos. El modelo económico alcanzado permitió el desarrollo de grandes empresas y la llegada de productos culturales a grandes conjuntos poblacionales, como nunca antes había sido posible. Pese a ello, la economía de las industrias culturales supone altos riesgos para los inversores, presenta una alta incertidumbre, y se basa en una estrategia de acierto y error que deriva en numerosos fracasos. Más allá de las especificidades propias de economía de las industrias culturales, no es arriesgado señalar que las mismas presentaron un modelo económico estable a lo largo del siglo XX. Para dicho modelo económico, las políticas públicas constituyeron un apoyo indispensable. La intervención del Estado mediante políticas culturales, y la cooperación entre los Estados para potenciar los efectos de sus políticas nacionales, constituyen un elemento indispensable en la democratización de la producción y el consumo cultural.

Durante toda la segunda mitad del siglo pasado se establecieron una serie de políticas públicas destinadas a estimular la producción, mediante el apoyo del Estado a aquellos sectores que no podían competir con los de países con mayores economías de escala. Resulta casi imposible pensar la producción cinematográfica de la mayoría de los países del mundo sin el apoyo de los institutos nacionales de cinematografía. Pero también la televisión supuso una activa regulación de los Estados, ya sea otorgando licencias y regulando los contenidos (como en Estados Unidos y Argentina), o mediante el impulso a una televisión de servicio público que implicó la constitución de emisoras estatales (la mayoría de los países de Europa).

La digitalización del soporte de las industrias culturales ha supuesto un cambio radical en sus formas. Como no podía ser de otra manera, un cambio tan radical pone en riesgo la situación de quienes estaban asentados, pero a la vez permite la emergencia de nuevos actores, de nuevas formas de producción, distribución y consumo. En este momento asistimos a una disputa entre quienes buscan la continuidad, o bien su actualización, manteniendo la hegemonía de las viejas formas de producción y quienes buscan aprovechar las ventanas que se han abierto. El trabajo de Ana Bizberge permite comprender como se posicionan viejos y nuevos actores en el inicio de la televisión digital.

En un contexto general de incertidumbre, pueden enumerarse algunas pocas certezas. Por un lado, es indudable que los costos de producción se han abaratado enormemente. Mientras que en el modelo tradicional, sólo unos pocos estaban en condiciones de producir bienes culturales con calidad de mercado, a partir de la digitalización ha sido incesante la entrada de nuevos productores de diversos tamaños y nacionalidades. Y, por el otro, también en el plano de la distribución se encuentran importantes cambios, con la crisis y en algunos casos desaparición de viejos intermediarios, y la irrupción de mecanismos de distribución electrónica. Sus formas de distribución más flexibles, ejemplificadas con el concepto de *unbundle* (desempaquetado) procuran aprovechar las ventajas de la digitalización, con el objetivo de vincularse de forma más estrecha con los deseos de los consumidores. Seguramente es en el plano del consumo, donde las transformaciones han sido hasta ahora más vertiginosas. Sólo sería necesario retroceder unos lustros para encontrar formas de consumo cultural familiar. Hoy el consumo cultural no sólo se ha individualizado en extremo, sino que la digitalización permite formas de interactividad entre productores y audiencias que comienzan a retroalimentarse. La clásica barrera que los separaba, cada día queda más abierta.

De lo que no hay certezas todavía es sobre cuál será el modelo de negocios que permita rentabilizar la producción cultural. Si la digitalización ha permitido un intercambio de productos culturales a escala global sin antecedentes, todavía no se visualiza cuál será la "killer application" que genere un nuevo modelo general de producción en las industrias culturales.

En todos los casos, las políticas públicas continuarán constituyendo un factor clave para el desarrollo cultural. Frente a la incertidumbre de los mercados, las grandes corporaciones han promovido la sanción de marcos legales que protejan sus intereses. Por otra parte, la sociedad civil a través de diversas formas y organizaciones adquiere nuevas habilidades y experiencias que procuran incrementar su incidencia en la definición de las políticas.

Los Estados, por su parte, se han visto desbordados tanto por la creciente participación de nuevos actores, como por la complejidad regulatoria que ha supuesto la emergencia de servicios convergentes. Estos servicios han roto la tradicional separación entre telecomunicaciones e industria cultural, y ha obligado en muchos casos a redefinir los organismos institucionales.

La reciente discusión de la ley de Servicios de Comunicación Audiovisual, constituye un fiel reflejo de cómo cada sector ha procurado incidir sobre la letra final. En la misma se dejan establecidos criterios que incidirán en la implementación de la televisión digital. Por su parte, el Estado argentino parece haber asumido el liderazgo en la transición a modelo de televisión digital abierta.

El trabajo de Ana Bizberge constituye entonces un valioso aporte para el mejor conocimiento de un proceso incipiente. He acompañado su proceso de elaboración como tutor de la tesis de licenciatura, en el que la autora superó sus dudas iniciales y supo resolver los desafíos que se le presentaban. Espero que sus próximas tesis de maestría y doctorado, puedan recorrer el mismo exitoso camino.

Palabras preliminares

El presente libro es el resultado del trabajo de investigación para mi tesina de grado de la carrera de Ciencias de la Comunicación de la UBA durante el período julio de 2006 y julio de 2008.

Pasados dos años del cierre de la investigación se puede observar cómo fue quedando configurada la relación de fuerzas en la "guerra de estándares" para Televisión Digital Terrestre (TDT), en la que Brasil con ISDB-T logró consagrarse como "campeón" en Latinoamérica.

Todavía a mediados de 2008, el panorama de definiciones de los gobiernos para la adopción de una norma de TDT era incierto ya que sólo Brasil, Uruguay, Honduras y México habían tomado una decisión, cada una con un estándar diferente: DVB-T en el caso de Uruguay, ISDB-T en Brasil y ATSC en México y Honduras. No obstante, como se podrá observar a lo largo del libro, ya iban apareciendo elementos que permitían vislumbrar la avanzada de la norma japonesa en la región a través del impulso del gobierno brasileño.

Estas "Palabras preliminares" pretenden ser una suerte de breve actualización del corpus analizado, teniendo en cuenta los principales acontecimientos de los últimos dos años.

En primer lugar, vale decir que países como Chile, Colombia, Venezuela y Perú, que fueron clasificados en la investigación como "en proceso" de decisión, actualmente ya han adoptado una norma para la migración de la TV analógica a la digital, todos optaron por ISDB-T. Asimismo, Argentina (que fue objeto de tratamiento particular en esta investigación) adoptó también el mismo estándar, mientras que Panamá y El Salvador (cuyos casos no fueron abordados en este trabajo) tomaron el europeo y norteamericano, respectivamente en 2009.

Situación regional

En el caso de Argentina, el 25 de agosto de 2009, la Secretaría de Comunicaciones emitió la resolución 171/2009 (publicada en el Boletín Oficial el 28 de agosto de 2009) por la cual se dejó sin efecto la vigencia de la norma ATSC (adoptada mediante la resolución 2.357 de 1998). Asimismo, en su artículo segundo, la normativa recomienda al Ministerio de Planificación Federal la adopción de la norma ISBD-T. En las consideraciones se alude a las pruebas realizadas por Canal 7 y al interés de la TV pública en que todos los ciudadanos puedan acceder a una señal en alta definición, de forma libre y gratuita con receptores fijos y móviles.

Tres días más tarde, el 28 de agosto, la presidenta Cristina Fernández de Kirchner anunció la adopción de la norma japonesa en la cumbre de la Unión de Naciones Suramericanas (UNASUR), que se llevó a cabo en la ciudad de Bariloche.

El 1° de septiembre de 2009, se emite el decreto presidencial 1.148 de 2009 por el cual se crea el Sistema Argentino de Televisión Digital Terrestre (SATVD-T), entre cuyos objetivos figuran:

a) Promover la inclusión social, la diversidad cultural y el idioma del país a través del acceso a la tecnología digital, así como la democratización de la información.

b) Facilitar la creación de una red universal de educación a distancia.

c) Estimular la investigación y el desarrollo, así como fomentar la expansión de las tecnologías e industrias de la REPUBLICA ARGENTINA relacionadas con la información y comunicación.

d) Planificar la transición de la televisión analógica a la digital con el fin de garantizar la adhesión progresiva y gratuita de todos los usuarios.

e) Optimizar el uso del espectro radioeléctrico.

f) Contribuir a la convergencia tecnológica.

g) Mejorar la calidad de audio, video y servicios.

h) Alentar a la industria local en la producción de instrumentos y servicios digitales.

i) Promover la creación de puestos de trabajo y la capacitación de los trabajadores en la industria tecnológica.[1]

En el artículo segundo del decreto se establece la creación del Consejo Asesor del Sistema Argentino de Televisión Digital Terrestre[2], dependiente del Ministerio de Planificación Federal, Inversión Pública y Servicios, que brindará asesoramiento técnico y ejecutivo para cumplir con los objetivos del SATVD-T. En la coordinación ejecutiva del Consejo deberá haber un representante de la Jefatura de Gabinete de ministros; del Ministerio del Interior; del Ministerio de Relaciones Exteriores, Comercio Internacional y Culto; del Ministerio de Economía y Finanzas Públicas; del Ministerio de Producción; del Ministerio de Trabajo, Empleo y Seguridad Social; del Ministerio de Desarrollo Social; del Ministerio de Educación y del Ministerio de Ciencia, Tecnología e Innovación Productiva. A su vez, se menciona la posibilidad de crear un Foro Consultivo en el que participen representantes de la industria, de los trabajadores, de la comunidad científica y tecnológica nacional, de los medios de radiodifusión, de las asociaciones de usuarios y consumidores, y cualquier otro sector social que sea invitado al mismo.

Por último, en el artículo cuarto se establece un plazo de 10 años para realizar el proceso de transición de la televisión analógica a la digital.

Hacia fines de 2009, el Comité Federal de Radiodifusión (COMFER) emitió la Resolución 813 por la cual se asigna al Sistema Nacional de Medios Públicos Sociedad del Estado (SNMP) la utilización de los canales 22, 23, 24 y 25 en la banda de UHF para la implementación de la TV digital. Dado que esos canales estaban siendo utilizados por licenciatarios de "servicios complementarios" de televisión codificada, se estableció un plazo de 30 días para la elaboración de un informe que determinara la factibilidad de su reubicación.[3]

---

[1] Decreto 1.148/2009 consultado en Infoleg: http://www.infoleg.gov.ar/infolegInternet/anexos/155000-159999/157212/norma.htm

[2] Mediante la Resolución 1.785 del 18 de septiembre de 2009, se aprueba la conformación del Consejo Asesor.

[3] Resolución 813 del COMFER, consultada en: http://www.infoleg.gov.ar/infolegInternet/anexos/160000-164999/160934/norma.htm

Otra de las medidas que cabe destacar en el camino hacia la TV digital es la Ley de Servicios de Comunicación Audiovisual (Ley 26.522), sancionada el 10 de octubre de 2010. Aunque no es el objetivo de este trabajo hacer un análisis pormenorizado sobre la normativa, no puede dejar de ser mencionada ya que de aquí en adelante será el nuevo marco para el desarrollo de la industria audiovisual, incluida la TDT, en el país, reemplazando la Ley 22.285 de la dictadura militar. En la nueva ley se alude de modo directo e indirecto a la televisión digital terrestre en los artículos 46 (No concurrencia); 47 (Adecuación por incorporación de nuevas tecnologías); 92 (Nuevas Tecnologías y servicios) y 93 (Transición a los servicios digitales).[4]

El Consejo Asesor del Sistema Argentino de la Televisión Digital Terrestre elaboró un plan estratégico del 2009 al 2019 que define las acciones que se llevarán adelante para la implementación del SATVD-T. Enmarcado en el contexto de la convergencia tecnológica, el objetivo general plasmado en el plan consiste en: "Garantizar el acceso de todos los habitantes de la Nación al servicio de televisión digital y, en consecuencia, el acceso universal a las nuevas tecnologías de la información y la comunicación, en el marco de un modelo que contempla la inclusión social y la diversidad cultural, el fortalecimiento de la industria nacional y la promoción del empleo, el desarrollo científico-tecnológico y la protección de los derechos y libertades de todos los argentinos"[5]. A partir de esto se plantea un esquema de trabajo dividido en seis ejes:

- Transmisión: referido a los aspectos técnicos para la transmisión de señales digitales en todo el país.

- Recepción: aspectos técnicos y sociales para que la población reciba las señales a fin de garantizar un acceso universal a la TV digital.

- Promoción de contenidos: promoción de la producción nacional de contenidos.

---

[4] Para más información, remitirse a la Ley de Servicios de Comunicación Audiovisual disponible en: http://www.infoleg.gov.ar/infolegInternet/anexos/155000-159999/158649/norma.htm

[5] Documento "Planificación estratégica para la implementación del SATVD-T"

- Producción nacional y generación de empleo: se relaciona con la producción nacional de equipos para emisión y recepción de las señales y, por ende, la generación de nuevos puestos de trabajo formales.
- Desarrollo científico y formación de recursos humanos.
- Normas y Derecho digital: apunta al análisis y desarrollo del marco normativo para el desarrollo de la TV digital y la puesta en marcha de políticas de derecho intelectual.

Cada uno de los ejes, se plasma en "estrategias" y "planes operativos", las primeras actualizables cada tres años, mientras que los segundos se actualizarán anualmente, con posibilidad de ser revisados trimestralmente.

En el camino de implementación de la TDT en el país, el Instituto Nacional de Investigaciones Aplicadas (INVAP) tendrá un rol central ya que, por un lado, coordina el Foro Consultivo y, por el otro, como empresa se encargará de instalar las plantas transmisoras, trabajar en la homologación de equipos, monitorear las compras de insumos, receptores, transmisores, etc. Por otra parte, la empresa nacional de satélites, Arsat[6], también tendrá un papel destacado ya que, desde su Telepuerto situado en Benavídez permitirá a los licenciatarios de servicios de TV subir sus señales al satélite.

En lo referente al eje de transmisión del plan para la implementación del SATVD-T, en el Consejo Asesor se habla, inicialmente, de la digitalización de antenas en 46 localizaciones, que incluye las capitales de las provincia; ciudades importantes como Rosario, Bariloche, Bahía Blanca, Tandil, Paraná, Mar del Plata, entre otras. Además, en la zona del área metropolitana de Buenos Aires (AMBA) extendida (hasta 120 km del centro de la Capital Federal) se va a desplegar un complejo de múltiples antenas para dar una cobertura en el conurbano bonaerense.

---

[6] Creada durante la presidencia de Néstor Kirchner en abril de 2006 por la Ley 26.092. Arsat tiene los derechos para operar la posición orbital 81° Oeste en las bandas C y Ku. La empresa tiene un plan de lanzar tres satélites propios entre 2012 y 2014, uno por año.

Semanas después de que Argentina adoptara la norma japonesa, Chile hizo lo propio el 14 de septiembre de 2009 con el decreto 136, mediante el cual adoptó la norma ISDB-T con compresión en MPEG-4. En la normativa, firmada por Michelle Bachelet, se estableció un plazo de seis meses renovables por una vez desde la publicación del decreto para la realización de transmisiones de prueba. Asimismo se determinó que hasta que no entren en vigencia las modificaciones al Plan de Radiodifusión Televisiva, no se asignarán frecuencias para la TV digital.[7] Uno de los motivos argumentados para volcarse por la opción japonesa fue la posibilidad de recepción móvil de las señales abiertas.

El 25 de septiembre, el Ministerio de Transporte y Telecomunicaciones creó la Comisión Técnica Consultiva de Televisión Digital Terrestre, mediante la Resolución Exenta N° 5.190 de 2009.[8] La Comisión, compuesta por representantes de la Subsecretaría de Telecomunicaciones, universidades y de los canales de televisión, fue la encargada de proponer las especificaciones técnicas mínimas de los receptores de televisión digital terrestre. Finalmente, la Subsecretaría de Telecomunicaciones hizo eco de las recomendaciones y, junto con otros aportes de referentes de la industria, se sancionó la Resolución Exenta N° 7.219 de 2009, que contiene las especificaciones técnicas mínimas que deberán cumplir los receptores de TDT. Entre los principales aspectos se destacan el uso de los canales 7 al 13 en VHF y 14 al 69 en UHF y detalles sobre el ancho de banda requerido para las transmisiones, entre otras cosas.[9]

Perú también adoptó la norma japonesa ISDB-T (resolución 019 de 2009 del Ministerio de Comunicaciones y Transporte), basándose en la recomendación de la Comisión Multisectorial. Los criterios considerados para la elección fueron de carácter tecnológico, económico y de cooperación. La norma brasileño-japonesa recibió el

---

[7] Decreto 136 de 2009, consultado en http://www.subtel.cl/prontus_tvd/site/artic/20091019/asocfile/20091019091832/tvd_09d_0136.pdf

[8] Decreto consultado en http://www.subtel.cl/prontus_tvd/site/artic/20100106/asocfile/20100106113006/resex_5190_09_crea_comision_tdt.pdf

[9] Más detalle en: http://www.subtel.cl/prontus_tvd/site/artic/20100106/asocfile/20100106113006/09_res7219.pdf

apoyo de la Sociedad de Radio y Televisión (Sonrat) de Perú, que aglutina a los canales 2, 3, 4, 5, 6, 8, 9, 11 y 13.[10]

La Comisión que recomendó la norma al gobierno, se había formado en febrero de 2007, con la meta de entregar su recomendación en julio de ese mismo año, sin embargo, la decisión fue aplazada cinco veces, hasta abril de 2009, cuando llegó la decisión formal.

Mediante la resolución 082 de 2009, en la órbita del Ministerio de Comunicaciones y Transporte (MTC) se creó la Comisión Multisectorial Temporaria que será la encargada de acercar al ministerio recomendaciones para la elaboración del Plan Maestro de Implantación de la TDT en Perú. El nuevo organismo está integrado por: un representante del Ministerio de Comunicaciones y Transportes, que preside la Comisión; un representante del Instituto de Radio y Televisión de Perú; un representante del Instituto Nacional de Defensa de la Competencia y de la Protección de la Propiedad Intelectual; un representante del Ministerio de la Producción; un representante de la Asociación Peruana de Consumidores y Usuarios; un representante de las principales instituciones que agrupan a los titulares del servicio de radiodifusión por televisión en el Perú; un representante del Colegio de Ingenieros del Perú. Además, la Comisión podrá invitar a especialistas del sector público y privado, para el cumplimiento de sus fines.

En agosto de 2009, la Comisión presentó el informe que contiene las recomendaciones para la implementación de la TDT. En primer lugar, se dividió el territorio nacional en cuatro zonas:

- Territorio 1: localidades de Lima y Callao (concentra 31% de la población de Perú). Se prevé el apagón analógico para 2020.
- Territorio 2: localidades de Arequipa, Cusco, Trujillo, Chiclayo, Piura y Huancayo (14% de la población del país). Apagón analógico previsto para 2025.

---

[10] "Perú adoptó el estándar brasileño-japonés para TV digital y el apagón tecnológico será en 2019", publicado el 24 de abril de 2009 en Convergencialatina: http://www.convergencialatina.com/noticia.php?id=101352

- Territorio 3: Chicote, Ica, Iquitos, Juliaca, Pucallpa, Puno, Tacna y Ayacucho (8% de la población). Apagón analógico previsto para 2030.

- Territorio 4: resto del país (47% de la población). Apagón analógico "natural", sin fijación de plazos.

En el documento se especifica que durante el período de transición se otorgará a los radiodifusores un espectro en UHF para las transmisiones en *simulcast*. Luego de dicho período, se establece que la autorización definitiva para las transmisiones digitales se otorgará pro 10 años renovables.[11]

Venezuela fue el último país en sumarse a la elección de la norma japonesa en octubre de 2009. Por el momento, no hubo anuncios oficiales respecto al cronograma de implementación de la TDT.

A diferencia de los casos mencionados anteriormente, Colombia, casi un año antes que el resto, optó por la norma europea DVB-T el 28 de agosto de 2008. El Ministerio de Tecnologías de la Información y la Comunicación (MinTIC) anunció que la TDT se desarrollará en la banda de 470 MHz como así también, que se liberarán los canales del 14 al 21 en UHF para que la Comisión Nacional de Televisión (CNTV) pueda adjudicar las señales a los licenciatarios actuales y nuevos para el desarrollo de la TV digital.[12] Asimismo, el organismo regulador de la TV presentó oficialmente un documento para la industria en el que se definen las especificaciones mínimas para la fabricación de decodificadores para TDT. Tanto para los televisores integrados como para los *set top boxes*, se establece que el sintonizador debe ser DVB-T, canalización de 6 MHz, codificación en MPEG 4, las bandas de operación en VHF entre 54 y 72 MHz- 76 y 88 Mhz- 174 y 216 Mhz; asimismo en UHF las frecuencias serán de 470 a 806 MHz. También se establece que el

---

[11] http://www.mtc.gob.pe/portal/tdt/Documentos/informe_final_cmtemporal.pdf
[12] "La CNTV otorgó las frecuencias de televisión digital", publicado el 11 de febrero de 2010 en Convergencialatina: http://www.convergencialatina.com/noticia.php?id=107563

televisor debe recibir video en diversas resoluciones y debe soportar la EPG (Guía de programación en pantalla), entre otras cuestiones.[13]

A partir de lo comentado y retomando las ideas iniciales de este capítulo, vale decir que el panorama regional tuvo su punto de inflexión hacia fines de 2008. Hasta ese entonces, los consorcios norteamericano y europeo eran los jugadores indiscutidos. De aquí en más centrarán sus oportunidades en Centroamérica, como lo demuestran las decisiones de El Salvador (ATSC) y Panamá (DVB).

El "triunfo" de la norma japonesa en el Cono Sur a través de la gestión del ministro de Comunicaciones de Brasil, Helio Costa, basó su éxito en la promesa de pasar de ser importadores a productores de tecnología y, por ende, revitalizar las industrias nacionales. También se hizo énfasis en la posibilidad del sistema japonés para asegurar en cada país el inicio de su proceso de transición analógico-digital con una compresión más avanzada que la utilizada en Estados Unidos o Europa (MPEG-4 en lugar de MPEG-2) aprovechando el "know how" adquirido en los desarrollos anteriores. En este sentido se exacerbó la potencialidad de los países del Cono Sur de estar a la vanguardia tecnológica. A lo anterior hay que sumar los acuerdos de capacitación con especialistas japoneses y la posibilidad de los técnicos de participar en el desarrollo del *middleware*, lo cual podría implicar un cambio en términos de la gestión de derechos de autor ya que permitiría pasar a trabajar en las "capas intelectuales" (como la capa lógica, el software) del sistema virando la discusión del mero "acceso" a la "disponibilidad de los bienes" (Vercelli, 2009). De aquí en adelante quedará por ver si los diferentes países logran apropiarse de estas promesas para generar modelos de producción de conocimiento y tecnología verdaderamente independientes ya que, de otro modo, se corre el riesgo de generar una nueva dependencia con otro centro: esta vez ya no en Estados Unidos o Europa, sino en Brasil.

Otro aspecto a destacar en este inicio del camino a la TV digital, al menos en los países del Cono Sur, es el rol que están jugando las televisoras públicas al frente del proceso, mientras los canales privados

---

[13] Para más precisiones consultar: http://www.cntv.org.co/cntv_bop/noticias/2009/septiembre/requerimientos_tdt.pdf

avanzan a tientas. Por ejemplo, en el caso de Argentina, Canal 7 viene realizando pruebas de recepción fija y móvil en Ciudad de Buenos Aires con una antena colocada en el edificio del Ministerio de Desarrollo Social y se prevé que las transmisiones oficiales lleguen en abril de 2010, con cobertura limitada. Por su parte, en Colombia, el 29 de enero de 2009 RCTV, junto a los canales públicos Canal Uno, Señal Colombia y Canal Institucional, realizó su primera transmisión en digital con cuatro puntos de recepción de la señal en Bogotá (el Centro Comercial Andino, Universidad Sergio Arboleda, Atlantis Plaza y en el sector del Campín).

Espero que la investigación sirva para analizar el proceso de adopción de la norma de TDT a nivel regional y brinde algunas herramientas para pensar el camino de transición que ya emprenden algunos países.

Quiero agradecer a mis padres; a mis hermanos, Alejandro y Javier; a mi tutor Guillermo Mastrini por apoyar mi trabajo siempre.

Introducción

En el presente trabajo se analizarán los procesos de migración a la televisión digital terrestre (TDT) en Estados Unidos, Europa, Latinoamérica y, especialmente, en Argentina. El tema comenzó a formar parte de las agendas gubernamentales de los países centrales en la década de 1990, enmarcado en los discursos de la Sociedad de la Información (producto de los procesos de desregulación, privatización y liberalización) y posibilitada por la convergencia entre telecomunicaciones, informática y video.

La Sociedad de la Información como discurso legitimador toma un nuevo impulso a partir de la realización en dos etapas de la Cumbre Mundial de la Sociedad de la Información (CMSI) donde, a través del énfasis en la "conectividad", se apostó a la TV digital, entre otras plataformas de red, para lograr la universalización de bienes y servicios para reducir la brecha digital. Además, se instó a los gobiernos a crear un "entorno habilitador" para las inversiones privadas y el comercio en un ambiente "tecnológicamente neutro". De este modo, el Estado queda reducido a un papel subsidiario, en el que cumple la función de garantizar la libre competencia.

En este contexto es que debe ser leída la "guerra de los estándares" que llevan adelante Japón, Estados Unidos y Europa mediante ISDBT, ATSC y DVB, respectivamente. En un esfuerzo común entre empresas y gobiernos, se presiona a los distintos países del mundo para que adopten sus sistemas, "disfrazando" de discusión técnica una cuestión enraizada en intereses económicos, ya que en la búsqueda por conseguir la supremacía del mercado, se juega un problema de política industrial.

De este modo, la presunta neutralidad tecnológica proclamada en la Cumbre, adquiere sólo un carácter retórico dado que la "carrera" entre las normas propietarias atenta contra la expansión de las nuevas redes y la universalización cultural generando barreras de entrada más insalvables que las existentes en el mundo analógico.

Teniendo en cuenta que en los países latinoamericanos se está emprendiendo el proceso de transición analógico-digital, resulta un momento clave para pensar el rol de las políticas públicas de televisión, entendidas como toma de posición del Estado, por acción u omisión. En este sentido, la TDT sirve como ejemplo privilegiado para dar cuenta de la progresiva instalación de un nuevo paradigma de política pública, signado por la convergencia.

La televisión digital supone repensar la industria de la radiodifusión en términos político-económicos ya que los agentes remuneradores de la migración serán radiodifusores y usuarios. Además, la digitalización abre interrogantes sobre la regulación dado que ya no puede justificarse la configuración del servicio en las limitaciones del espectro. Otra de las cuestiones que se advierte con la TV digital es que implica la concertación entre programadores, fabricantes de equipos y operadores de redes y, a su vez, permite la aparición de nuevos actores como el operador del *multiplex*. Dependiendo del modelo de política que se adopte, la pretendida "desintermediación" puede generar nuevas barreras de entrada.

La hipótesis que se plantea en el trabajo consiste en que tanto en los países que adoptaron la norma de TDT como en aquellos que están en proceso de hacerlo se mantiene el *statu quo* vigente en el entorno analógico a través de concesiones de los Estados a los radiodifusores actuales. A su vez, se promueven procesos de convergencia alentados por la promesa de prestación de "servicios asociados", lo que genera un cambio en la lógica del servicio de radiodifusión introduciendo un consumo individual y ofertas de pago, propias del mundo de las telecomunicaciones.

La presión que ejercen los operadores de telecomunicaciones es de tal magnitud que su lógica impregna cada vez más el mundo de la radiodifusión, lo cual se observa a nivel regulatorio, institucional. Particularmente en el caso argentino, las "telcos" empujan al gobierno a modificar el marco regulatorio para poder ofrecer televisión y competir con los operadores de TV por cable con ofertas de pago.

El escenario dominante

La mutación del paisaje de las comunicaciones se puede situar entre las décadas de 1970 y 1980 en los países centrales, donde se gestó la noción de la Sociedad de la Información (SI) como una formulación totalizante y determinista enraizada en el fetichismo tecnológico. Consolidada en los noventa como proyecto geopolítico global, la SI se articula con tres ideas fuerza: desregulación, liberalización e integración competitiva del planeta como escenario de realización de la economía de mercado.[14]

A nivel económico, el proyecto surge como respuesta a la crisis de acumulación fordista (modelo caracterizado por alta demanda de mano de obra y energía) con la presunción de que la potencialidad de las TICs permitirá el crecimiento de la economía al reconvertir las esferas productiva y doméstica a partir de las posibilidades técnicas en lo que hace al almacenamiento, transmisión y manejo de paquetes de información abiertas por la digitalización.

---

[14] Estas diatribas propias del neoliberalismo serán aplicadas a través del Consenso de Washington. Tal como lo explican Acuña y Smith (1996) retomando a John Williamson, entre otras disposiciones, se incluye una amplia reforma del Estado (privatización de empresas públicas, reforma fiscal, reducción del gasto público y eliminación de los subsidios al consumo y a los intereses productivos "ineficientes"); dejar que los precios alcancen su nivel "correcto" dando prioridad al mantenimiento del equilibrio macroeconómico; reformas orientadas al mercado (desregulación y desmonopolización del sector privado, flexibilización del mercado laboral) y una reinserción competitiva en la economía mundial (liberalización del comercio, promoción de las inversiones extranjeras).

En lo que respecta al medio televisivo y las telecomunicaciones, la digitalización de señales da lugar a una transformación cualitativa y cuantitativa al permitir el aumento exponencial de la cantidad de señales y el consiguiente incremento del tráfico. Por lo tanto, se modifica sustancialmente la base tecnológica sobre la cual se asienta el servicio al tiempo que muta la estructura de propiedad dado que el avance del neoliberalismo sobre las empresas estatales se plasmó en el ingreso de los grandes conglomerados transnacionales en las telecomunicaciones con la liberación de dichos mercados, (considerados hasta el momento como monopolios naturales) junto con la privatización del sistema televisivo en los países en los que aún seguían bajo la órbita del Estado (De Charras, 2006).

En el plano social, los organismos y gobiernos involucrados en el desarrollo de la Sociedad de la Información enfatizan beneficios como consecuencia de la diseminación y ubicuidad de las tecnologías convergentes de la información y la comunicación (Mastrini 2006).[15]

A partir de este discurso, se presenta a la convergencia entre telecomunicaciones, radiodifusión e informática como evolución natural y necesaria y se postula a la televisión como terminal multiuso capaz de integrar los distintos medios de comunicación, convirtiendo en artificial la separación entre dichos mundos.

Nicholas Garnham (1999) explica que la convergencia de radiodifusión, telecomunicaciones e informática supone el potencial de una red de banda ancha conmutada que suministra todos los servicios electrónicos por una misma red a hogares y a empresas. Además de los servicios tradicionales, los usuarios pueden recibir servicios interactivos a través de un terminal informático multimedia realizando un pago único de acuerdo a su uso.[16]

---

[15] Se lanzaron programas gubernamentales de las autopistas de la información como el de Al Gore, vicepresidente de EEUU, en Buenos Aires en 1994; la Sociedad informacional (Informe Bangemann, CE 1994), la Conferencia de Ministros G7 de la SI en Bruselas (1995), Conferencia de la SI y el desarrollo en Sudáfrica (1996) (Becerra 2000, Burgelman 1999).

[16] El autor plantea la existencia de cinco niveles de convergencia: canales de distribución técnicos; de formatos; modos de consumo; modos de pago y convergencia

Si bien la convergencia impone el determinismo tecnológico como fundamento del discurso social y político dominante, sus implicancias trascienden la mera cuestión técnica para abarcar las dimensiones económica, política, cultural, social y jurídica. La SI avanza a través de sucesivas "convergencias". La primera tuvo lugar con la fusión de las telecomunicaciones con el ordenador, que dio lugar a la aparición de Internet en la década de 1990. Luego, la industria de las telecomunicaciones encontró en la telefonía móvil su camino natural de convergencia con las tecnologías de la información, mientras encontraba en el acceso a Internet la *"killer application"* que le permitió convertir sus redes de acceso fijas en vehículos privilegiados para proporcionar conectividad de banda ancha. En la actualidad están en marcha otras dos convergencias: la incorporación del audiovisual a Internet y las redes de televisión y video IP, así como la convergencia fijo-móvil, un exponente destacado de esta tendencia está dado por el lanzamiento por parte de los operadores de telecomunicaciones de las ofertas de "Triple y Cuádruple Play" (Jorge Pérez Martínez 2006). Por su parte, los operadores de cable, satélite y comunicaciones han empezado a incorporar el video bajo demanda (VoD) a su oferta de televisión de pago, complementando el esquema *Triple Play* que preside la dinámica competitiva en este mercado. Este servicio incorpora un catálogo limitado de títulos a los que se puede acceder bien de forma ilimitada (previo pago de la correspondiente suscripción), en formato de pago por visión. El modelo de los operadores se apoya en el uso de una red propia y, por tanto, en una oferta de calidad en el contenido y en su distribución (GAPTEL, 2006).

Volviendo al momento de apertura comercial de Internet, surgen los primeros teóricos en ver en las redes un nuevo modelo de democracia, horizontalidad, descentralización y autonomía que presuntamente atravesaría todos los aspectos del capitalismo globalizado. Nicholas

---

de mercados. Por su parte, en una dirección similar, Villanueva (2000) sugiere otra clasificación para entender la convergencia multimedia al considerar el nivel de las señales, las redes físicas, los servicios, aplicaciones y dispositivos terminales, las industrias y los modos de consumo.

Negroponte (1995) dice que si bien el poder de los *bits* no resuelve temas como el hambre y el derecho a la vida o a la muerte, la digitalización es no obstante causa de optimismo debido a que permitirá la descentralización en el comercio y nos liberarán de las limitaciones geográficas resultando en globalización. El incremento en el uso de Internet facilitará un trabajo en red global y guiará a una fábrica social global.[17]

Manuel Castells (1995) sostiene el advenimiento del modo de desarrollo informacional por el cual la generación del excedente se obtiene por la aplicación del conocimiento y ya no por el empleo de mano de obra barata, como sucedía en el modo de desarrollo industrial. De este modo, la fuente de productividad está dada por la capacidad de la fuerza de trabajo para procesar información y generar conocimiento. En consecuencia, "el conocimiento actúa sobre el conocimiento".

Hay dos rasgos fundamentales del nuevo paradigma: las nuevas tecnologías se concentran en el procesamiento de información, ésta última es la materia prima y el producto, por lo tanto, se produce el aceleramiento del procesamiento de la información. La otra característica reside en que los principales efectos de sus innovaciones recaen sobre los procesos más que sobre los productos.

En una dirección similar, aunque desde otra corriente ideológica, Negroponte va un poco más lejos en su libro "Being Digital" ya que, desde su perspectiva, incluso puede hablarse de una "sociedad de la post-información". El autor plantea que las ventajas de dicho proceso residen en la posibilidad de comprimir datos para el transporte de paquetes de información y en la capacidad de corregir errores que, aplicado a la televisión, permite una mejor calidad de transmisión.

El autor plantea que habrá cambios en el modo de emisión de la TV por los cuales se pasará del esquema punto- multipunto a una estructura punto a punto similar a la del teléfono. De este modo, se pasará a un modo más individualizado de ver programas por el cual el usuario será quien tenga el poder consiguiendo más niveles de control.

---

[17] Negroponte, N. "Being Digital", enero 1995, Vintage Publishing extractos en http://archives.obs-us.com/obs/english/books/nn/ch13c01.htm

En la era de la post información, generalmente la audiencia es del tamaño de uno. Todo está hecho para ser ordenado según la demanda y la información es extremadamente personalizada. Pero hay que evitar confundir la idea de "narrowcasting" con "ser digital" debido a que en éste caso "yo soy yo" y no un significado estadístico como sucede en aquel.

Frente a estas miradas optimistas, Garnham (1999) dice que no hay cambios tecnológicos u económicos tan revolucionarios como para transformar totalmente un estado de cosas establecido. Si bien se puede decir que desde el punto de vista tecnológico la convergencia entre sectores es posible, aún subsisten barreras económicas, regulatorias y culturales. En este sentido, advierte que el fenómeno de la convergencia avanza pero más lento de lo que se presume.

En lo que respecta a las barreas culturales, radiodifusión y telecomunicaciones se rigen históricamente por lógicas diferentes.[18] La convergencia entre la edición audiovisual y las telecomunicaciones abre la perspectiva de pasar esencialmente de una lógica de producto a una de servicio, es decir, de la distribución de productos fijados en soportes materiales, a la distribución de servicios transmitidos por red de forma digital. De este modo, la convergencia cambiaría la naturaleza del servicio de radiodifusión al terminar con su apariencia de gratuidad e imprimirle las características propias de las telecomunicaciones regidas por el pago por consumo. En este sentido, hay que ver hasta qué punto ya existe disponibilidad social, es decir, si los usuarios están dispuestos a pagar por el acceso a los usos tradicionales y si comprenden cuáles son las nuevas posibilidades que ofrece el medio.

---

[18] Tal como explica Giuseppe Ricchieri (1994), los servicios de telecomunicaciones se han desarrollado para suministrar emisiones bidireccionales punto a punto, financiadas por el usuario en base al uso y son transportados a través de grandes redes de cable. Mientras que la radiodifusión presenta una modalidad de distribución punto-masa, se financia por canon de abono igual para todos y/o publicidad y se difunde a través del éter. El autor señala también que, en el caso de las telecomunicaciones, la empresa que gestiona el servicio se ocupa de la infraestructura del transporte de información, por tal motivo, el sector está regulado por normas de inspiración económica industrial. Por el contrario, la radiodifusión se ocupa de los contenidos, programas, de modo que su regulación es de carácter política cultural.

En cuanto a las barreras económicas, el desarrollo para posibilitar la convergencia requiere importantes niveles de inversión para llevar a cabo la actualización completa de las redes para que soporten altas velocidades de transferencia de datos, fundamentalmente para los servicios de televisión digital. El gran problema para los operadores de redes es que no tienen cómo llenar la totalidad de banda ancha mientras que el sector audiovisual tiene la titularidad de los derechos de los contenidos pero no el canal de transmisión. En este sentido, es poco probable que las emisoras, las empresas cinematográficas, los fabricantes de videojuegos o los editores de telecompra permitan que un canal de distribución domine el mercado. Así, es probable que la emisión tradicional hertziana y los sistemas de transmisión por cable sigan siendo la forma con mayor eficiencia de costes para que los productores de programas —ya sea con financiación por vía de publicidad o de suscripción— lleguen a audiencias económicamente viables.

Otro obstáculo que enfrentan los operadores de telecomunicaciones consiste en dar con servicios que generen ingresos suficientes como para justificar los costos de mejora de prestaciones de la red.

En lo que refiere a las barreras regulatorias, la convergencia tecnológica está siendo utilizada como argumento por los principales agentes corporativos de los sectores involucrados para eliminar la restricción de la propiedad cruzada. Aún se asiste a situaciones asimétricas en términos de convergencia regulatoria entre los agentes económicos según el sector del que procedan. Las telecomunicaciones se liberalizaron esperando generar inversión e innovación, mejorar los precios y aumentar la penetración. Así, se permitió la entrada de un número ilimitado de competidores, a los cuales se favoreció con una regulación fuertemente asimétrica. En cuanto a la telefonía móvil se siguió un modelo de competencia entre pocas plataformas con red propia, pero los terminales no se estandarizan para las aplicaciones multimedia. Por otra parte, a partir del lanzamiento de las PC e Internet, el sector de las tecnologías de la información se convirtió en un mercado de consumo carente de regulación sectorial. De este modo, existen posiciones de dominio en actividades esenciales no reguladas como los sistemas operativos, los navegadores o los buscadores. En lo referente al sector de la electrónica de consumo, se caracteriza por la ausencia de regulación específica, la existencia de grandes conglomerados industriales (debido a que el sector exige grandes inversiones en I+D), lo que genera pocos y grandes líderes rodeados de pequeñas empresas emprendedoras. Además, exige estar involucrado constantemente en procesos de diversificación de productos en los que se aumenta la importancia del *software*. En relación con el sector de los contenidos, no existe una visión global de la situación regulatoria, que es extremadamente dispar: desregulación en los videojuegos o contenidos pregrabados (CD, DVD, etc.) o regulado en la difusión de señales de televisión. Además, es un sector donde los modelos de negocio son muy dependientes de la regulación relativa a la propiedad intelectual y los derechos de explotación de los contenidos (GAPTEL, 2006).

En síntesis, la situación actual de la pregonada "convergencia multimedia" debe ser matizada. Como explica Martín Becerra (2000), se puede decir que efectivamente la convergencia se produce en el nivel de las tecnologías y plataformas de red, así como también, progresa en lo que hace a las alianzas y fusiones empresariales e industriales. Si bien en materia de políticas, reglamentación y en servicios ya se observan avances, todavía no existe una actividad convergente de modo significativo. Los productos info-comunicacionales siguen siendo producidos, distribuidos y consumidos por métodos tradicionales en forma divergente.

Rodríguez Canfranc (2006) sintetiza las metatendencias de la Sociedad de la información, entre las que se destaca la ley de Moore, que indica que cada dos años aumenta exponencialmente la capacidad de los ordenadores de procesar información, por lo tanto incide en los contenidos digitales permitiendo que cada vez se puedan procesar nuevos productos. Unido a esto, también crece la capacidad de procesamiento de las redes de telecomunicaciones. En consecuencia, los contenidos digitales también se pueden transmitir a través de redes de telecomunicaciones de forma más rápida y barata.

Además, el autor señala el descenso de los precios de los terminales de acceso a las redes, como los ordenadores o los teléfonos móviles y las tarifas de conexión a Internet. Todo esto sienta las bases para generar una masa crítica de usuarios que demanden contenidos digitales y que permitan y promuevan su desarrollo comercial.

Otra metatendencia se relaciona con la globalización, la eliminación de barreras físicas y regulatorias, entre las distintas zonas del mundo gracias a las redes. La economía digital permite que los creadores de contenidos puedan estar en estrecho contacto con los mercados de consumo final. Mediante este proceso surge una nueva cadena de valor, común para todos los formatos, basada en un entorno de infraestructuras de redes de telecomunicaciones que son utilizadas por un elevado número de agentes encargados del suministro de los servicios y de hacer llegar los contenidos a los consumidores finales. Uno de los principales rasgos de la cadena de valor emergente es la interactividad entre los distintos agentes que participan en las diferentes fases y el consumidor final de modo que el usuario pue-de elegir el modo en el que consume los productos y servicios. Sin embargo, desde la perspectiva de Becerra (2000), el espacio de la invocada interactividad sigue siendo un espacio de consumo. Aunque la configuración de la red presente mutaciones fundamentales, el usuario no crea contenidos. Soslayando que existe en primera instancia el pago para que después se habilite al consumo, se pretende hacer de esta ins-tancia el arquetipo de la comunicación dialógica. Entre las debilidades que se destacan en el contraste entre el discurso acerca de la construc-ción del modelo de la Sociedad de la Información y la configuración en proceso de los mercados de las actividades info-comunicacionales, es digno de mención el carácter oligopólico que las diferentes industrias van adoptando. El mismo expresa una paradoja del modelo, por un lado, fortalece las expectativas de convergencia porque supone que las corporaciones dominantes en los diferentes sectores van tejiendo alianzas, estableciendo fusiones, desarrollando concentraciones e inte-graciones; pero por otro lado, contradice el objetivo de incremento de la competencia y la apertura de mercados enunciado por los organismos y gobiernos interesados en la construcción de la sociedad informacio-nal. Por último, este tipo de mercados tiende a ser inasible para los objetivos reglamentarios de carácter local, regional o nacional, toda vez que incluyen la participación protagónica de actores transnacionales gigantescos.

Lo cierto es que, más allá de las voces disidentes, las diatribas de los países centrales que proclamaron el advenimiento de la "Sociedad de la Información" cobran un nuevo impulso en la Cumbre Mundial de la Sociedad de la Información (CMSI).

La resolución 518 de diciembre de 2001 de la Asamblea General de las Naciones Unidas, aprobó la realización de la CMSI y encargó a la Unión Internacional de Telecomunicaciones (UIT) la organización de la misma en dos fases: la primera tuvo lugar en Ginebra desde el 10 al 12 de diciembre de 2003, la segunda, se llevó a cabo en Túnez del 16 al 18 de noviembre de 2005. La primera fase de la cumbre puso los cimientos con la "Declaración de principios" y el "Plan de Acción", mientras que en la segunda fase se analizaron y evaluaron los adelantos conseguidos en la aplicación del Plan y se elaboró una agenda con los objetivos a alcanzar hasta el año 2015 para cerrar la brecha digital.

En lo que respecta a la reunión de Ginebra, en la "Declaración de principios" se enfatiza en la creación de una SI centrada en la persona. De ahí que se defina a las TICs como un medio y a la alfabetización y la educación primaria universal como factores esenciales para crear una SI "plenamente integradora". A su vez, se asigna a la radiodifusión un importante papel por lo que se insta a los gobiernos a fomentar la diversidad de regímenes de propiedad y a administrar el espectro radioeléctrico a favor del interés público. En lo que respecta al "Plan de Acción", se habla de la superación de la brecha digital a través del uso de productos, redes, servicios y aplicaciones basados en las TICs. Asimismo, se alienta a los gobiernos a fomentar un "entorno habilitador", favorable a la competencia y tecnológicamente neutro para la inversión y el comercio. De este modo, el Estado queda confinado a un papel subsidiario, para corregir las fallas del mercado. A su vez, en la primera fase de la Cumbre se otorgó especial interés al concepto de redes y "conectividad", en este sentido, se apostó a la televisión digital, la radio digital y el *Triple Play*, entre otros servicios de la convergencia tecnológica. En Ginebra, también se propuso la creación del Fondo Mundial de Solidaridad Digital, basado en la participación voluntaria de las instituciones públicas, para que las TICs contribuyan al desarrollo y se logre conectar ochocientas mil aldeas. (Jensen, 2006) En la segunda etapa de la CMSI, se firmaron el "Compromiso de Túnez" (de carácter declamativo) y el "Programa de Acciones de Túnez para la Sociedad de la Información" (de carácter operativo aunque sus recomendaciones no son vinculantes). Con respecto al primero, allí se sostiene el apoyo a la Declaración de Principios y al Plan de Acción adoptados en Ginebra y se afirma que la SI centrada en la persona debe basarse en los principios de la Carta de las Naciones Unidas así como también en la Declaración Universal de los Derechos Humanos. El documento subraya el papel de los gobiernos, la necesidad de creación de infraestructura TIC y la necesidad de prestar especial atención a los grupos marginados y vulnerables para lograr una Sociedad de la Información integradora. Además, se apoya la utilización del software libre –aunque se subraya la importancia de los sistemas propietarios en los mercados de los países– y la rápida aplicación del Programa de Solidaridad Digital estipulado en el Plan de Acción de Ginebra.

El Programa de Acciones debía tener un carácter operativo pero, en los hechos, se limitó a hacer reconocimientos en cuenta a la necesidad de financiamiento del mundo en desarrollo. En este sentido, se alienta a los gobiernos, instituciones multilaterales y donantes públicos bilaterales a invertir en infraestructura TIC. A partir de esto, se reconoce que los aportes públicos son insuficientes por lo que se solicita a los gobiernos adoptar políticas públicas que favorezcan un "entorno habilitador" y competitivo para atraer inversiones privadas. En el Programa de Acciones queda sin resolver la forma que debe adoptar el Fondo de Solidaridad Digital, ya que al igual que en Ginebra, el documento se limita a enunciar su acogida. Respecto de la gobernanza en Internet, durante la segunda fase de la Cumbre, se observaron dos posturas encontradas: la representada por EEUU y la de los gobiernos del Sur con el apoyo de la Unión Europea. Mientras que los primeros rechazaban un cambio de situación alegando que muchas naciones que exigen una

Internet más abierta no tienen verdadera libertad de expresión en sus territorios, el otro bloque compuesto por diversos países planteó la necesidad de internacionalizar la participación en la definición de políticas. En consecuencia, se decidió la creación de un Foro para el Gobierno de Internet (IGF), formado por representantes de los gobiernos, la sociedad civil, el sector privado y organismos internacionales. El Foro podrá aportar opiniones y decisiones no vinculantes, sobre elementos claves del Gobierno de Internet para el tratamiento de políticas públicas (Califano, 2006).

Burch y Tamayo (2003) señalan que la CMSI pudo ser una oportunidad para retomar el debate del NOMIC (Nuevo Orden Mundial de la Información y la Comunicación) y consensuar un marco de políticas tendientes a la democratización de la información, el conocimiento y la tecnología. Sin embargo, en la práctica, el proceso se centró en la negociación entre los gobiernos y el sector privado evidenciando un énfasis en soluciones de mercado. Desde esta tendencia "tecnológico-mercantil" se plantea construir la sociedad de la información a partir de un "acuerdo digital mundial" en el que participarían los gobiernos, el sector privado y la sociedad civil, bajo un esquema de división del trabajo y de responsabilidades que apunta a legitimar la presencia directa del sector privado en los procesos e instancias de Naciones Unidas.

Cabe mencionar algunos de los principales desplazamientos producidos del NOMIC a la CMSI. Si en la década de 1970 el escenario de debate de las naciones era la UNESCO, el nuevo espacio es la UIT, donde conceptos de "acceso" y "participación" se transforman en nociones meramente técnicas de "acceso digital". Pasquali (2002) advierte que el hecho de que el debate sea dado en un organismo técnico, intrínsecamente incompetente en materia socio-cultural, responde a desoír un reclamo social, de dar inadecuadas respuestas infraestructurales a problemas superestructurales, de mantener la decisión dentro de la esfera del poder ya que UIT es hoy por hoy la organización del sistema de Naciones Unidas más exitosamente semi privatizada desde 1992. Siemens, Motoroal, Bell, Nec, Alcatel, Ericsson y AT&T forman parte de su principal y cuasi deliberante órgano consultivo.

En el pasaje del NOMIC a la CMSI también se advierte que la denuncia por el "desequilibrio de la información" pasa a denominarse "brecha digital", obviando la pregunta precedente por la brecha entre los que poseen los medios de comunicación y los que no. Ideas fuerza como el "libre flujo de información" devino en "entorno habilitador", que consagra un modelo privado de la información y comunicación por el cual el Estado queda en un rol de garante de la libre competencia. Mientras que en los debates de los años 1970 el gran olvidado fue la sociedad civil, reaparece en la Cumbre (incluyendo a la Academia que sí había participado antes). Las principales críticas de este sector al término de la fase tunecina de la Cumbre tuvieron que ver con la imposibilidad de introducir temas de diversidad cultural y lingüística como tema transversal a la SI, ya que todos los elementos son expresiones culturales. Estos asuntos trataron de evitarse en la Cumbre bajo el pretexto de que no era el ámbito indicado para hacerlo. Además, la sociedad civil manifestó que la CMSI no propone mecanismos para evitar la concentración y desarrollar la diversidad mediática, así como tampoco incluye a los medios comunitarios, telecentros ni organizaciones de base en sus documentos. A su vez, critican la desaparición del derecho a la privacidad en beneficio de la "ciber-seguridad" y la lucha contra el "ciber-crimen".

La realización de un programa internacional para desarrollo de las comunicaciones del NOMIC devino en el "Fondo de Solidaridad Digital" en la CMSI, de este modo, se traslada el costo del desequilibrio mundial a los propios consumidores —a los cuales se les solicita una contribución voluntaria— y se exceptúa a los países ricos y sus grandes corporaciones de hacerlo. Por último, el proyecto de un Nuevo Orden Mundial de la Información y la Comunicación devino en el proyecto de la Sociedad de la Información. En consonancia con la mirada técnico- mercantil de la cumbre, se omite la utilización de un concepto como "comunicación" (Mastrini y De Charras 2004).

Mastrini (2006) plantea las tensiones que surgen a partir de la noción de información y sus distintas implicancias sociales dependiendo si se trata de un concepto social de información o uno de carácter técnico. Aquella supone que se considera la información como un factor clave para permitir el libre acceso de la ciudadanía a mayores niveles de conocimiento y una concepción democrática del acceso y participación, frente a visiones que se preocupan prioritariamente por la eficacia de la transmisión de los mensajes y el aumento de los niveles de conectividad.

En este sentido, Pasquali (2002) reclama la necesidad de sustituir la noción de información por la de Comunicación ya que advierte que aquella tiene un carácter causativo, univectorial y ordenador, mientras que ésta es de carácter dialogal, relacional y socializante. "Si Acceso expresa la mera y pasiva recepción de mensajes y Participación la capacidad activa de emitirlos, entonces una sociedad de la comunicación es básicamente una sociedad de la Participación, de receptores/emisores (lo que incluye por definición acceso) y una sociedad de la información es básicamente una sociedad del acceso, inhibidora de procesos participatorios".[19]

Otra de las tensiones mencionadas por Mastrini respecto del carácter de la información reside en la fuerte contradicción sobre el carácter mercantil del concepto, que históricamente era considerado como un bien no apropiable. De hecho, discutir acerca de una Sociedad de la Información en la que ésta pasa a ser el núcleo dinámico de la economía capitalista, sólo ha sido posible en tanto la esfera cultural- comunicacional ha alcanzado una fase de plena mercantilización en sus actividades productivas.

Un importante cambio en la dirección de la liberalización de las comunicaciones a nivel internacional tuvo lugar a raíz de las luchas sobre la excepción cultural y luego por la diversidad, que indican que por la especificidad de las expresiones culturales como portadores de identidad no deben ser tratadas como mercancías.

En 1993, la OMC (Organización Mundial de Comercio) estableció un acuerdo por el cual la comunicación es susceptible de ser tratada como servicio. Si bien el organismo internacional hizo una distinción entre te-

---

[19]Pasquali, A. (2002) "¿Y por qué no una sociedad de la comunicación?", en *Revista de Economía Política de las Tecnologías de la Información y Comunicación*; www.eptic.com. br, Vol IV, N°2, mayo-agosto 2002, pag. 4-16.

lecomunicaciones y servicios de computación por un lado y servicios de radiodifusión, films y cable por el otro, no hay una cláusula explícita de "excepción cultural". Entonces, depende de la decisión de cada país tratar la radiodifusión como un servicio o como un bien cultural. En el futuro, la convergencia hará cada vez más difusas las distinciones entre ambos servicios. Existe una verdadera amenaza de que todos los bienes culturales caigan bajo el rubro de servicios digitales y, en consecuencia, sean tratados como servicios regulares. (Burgelman 1999, Frau Miege 2002). En el año 2005, volvió a ser patente la delicada situación entre comunicación y cultura a partir del retorno de los debates internacionales suscitados en la ya mencionada CMSI y la aprobación de la Convención sobre la Protección y Promoción de las Expresiones Culturales en la 33° Conferencia General de la UNESCO.

Mientras que dentro de la lógica de la UIT los medios son un sistema técnico para la entrega de información, dentro de la lógica de la UNESCO son una institución cultural y parte del proceso del desarrollo humano. A pesar de esto, en la Convención aparece un aspecto controversial en relación con "otros instrumentos" que explicita la posibilidad de que las disposiciones de la UNESCO sean desestimadas por acuerdos suscriptos con anterioridad. Así, el futuro de la diversidad cultural depende de otros procesos multilaterales que pueden volverla inútil o inviable. En consecuencia, tal como señala Loretti (2006, p. 73) "acá hay una carrera contra el tiempo […] depende de cuándo se ratifique éste tratado o el de la OMC".

De cara a la migración a la televisión digital a nivel mundial y, especialmente en Latinoamérica donde se emprende el proceso de adopción de la norma de TDT, es indispensable pensar el rol de las políticas de comunicación, entendidas como toma de posición, por acción u omisión, del Estado frente a una cuestión que refleja el trato hecho en un momento y lugar particular y el equilibrio de poder y ventajas entre el gobierno y la industria (Oszlak y O'Donell 1984 y Mc Quail/van Cuilenburg, 2003).

En la actualidad, la televisión digital terrestre (TDT) es el medio hegemónico del proceso de convergencia tecnológica. Su futuro inmediato está en su capacidad para integrarse como un recurso de red en la oferta general de ancho de banda *per cápita*, parámetro que indicará el posicionamiento de un país en la Sociedad de la información. Pero esta dimensión no podrá desplegarse desde una política centrada en la multiplicación de programas al servicio de la oferta de pago. Por el contrario, se necesita acelerar la migración de los canales analógicos hertzianos terrestres y atribuirles ancho de banda suficiente para experimentar las posibilidades de mejora de la oferta televisiva, con programas que incluyan datos agregados o permitan interacción y explotar la capacidad restante con servicios innovadores adicionales a los programas de la televisión digital, tales como la teleeducación y telemedicina. Asimismo, es menester permitir el ingreso de nuevos actores y, en un primer momento, privilegiar la emisión en SD en vez de en HD (Prado, 2003).

Variantes e invariantes de las industrias culturales frente a la digitalización

A partir del S. XX se empieza a hablar de la "industrialización de la cultura" dado que la producción cultural e intelectual comienza a estar regulada por la lógica de la producción global de mercancías subordinadas a las leyes del desarrollo del capital, es decir, la cultura pasa a formar parte de la reproducción del capital. En este sentido, la economía política de las comunicaciones se presenta como la perspectiva teórica más adecuada para el abordaje del presente trabajo al permitir estudiar el rol de los medios en el proceso de acumulación de capital, teniendo en cuenta las relaciones de poder, el problema de la estratificación y las desigualdades de clase.

Tal como señalan Herscovici, Bolaño y Mastrini (1999), los orígenes de la economía política se ubican en los años 1950, como respuesta a las orientaciones funcionalistas en la comunicación. Así esta corriente teórica encontró sus principales desarrollos en Norteamérica, donde sus principales exponentes son Paul Baran y Paul Sweezy, seguidos por Dallas Smythe y Herbert Schiller. También hubo desarrollos desde las escuelas británica y francesa. En el primer caso, los referentes son Nicholas Garnham, Peter Golding y Graham Murdock, mientras que en el segundo, la influencia está dada por Patrice Flichy, Bernad Miege y Dominique Leroy. En Latinoamérica, Antonio Pasquali inaugura la sociopolítica de las comunicaciones en 1964 cuando publica *Comunicación y Cultura de Masas*, donde trató de "desmontar la estructura del emisor" para dar cuenta de la influencia del poder económico sobre los mensajes. Otros exponentes de esta corriente en la región son Heriberto Muraro, Héctor Schmucler, César Bolaño, Octavio Getino y Ramiro Beltrán, entre otros.

La economía política se distancia de aquellas corrientes que ven a los medios como reproductores de ideologías. Las principales críticas se dirigen hacia el marxismo ortodoxo, que ve a los medios como meros instrumentos ideológicos de la clase dominante. También hay una discusión con los Althusserianos y los Estudios Culturales por su planteo de la autonomía relativa de la superestructura que elimina la determinación económica en las esferas ideológica y política. Por su parte, la Escuela de Frankfurt no comprende la lógica específica de las industrias culturales dado que, por un lado, no advierte que la industrialización de la cultura no es absoluta ni carente de contradicciones. Por otro lado, no da cuenta de que la producción cultural se distingue de la producción de otras industrias y que, en el interior de la industria cultural hay segmentaciones (Garnham 1979; Murdock y Golding, 1981).

Retomando los aportes de la escuela norteamericana, se puede mencionar la tesis de Baran y Sweezy sobre cómo, en el capitalismo monopólico, la publicidad tiene un rol estratégico para las empresas oligopólicas para lograr una diferenciación de producto, lo cual impacta en la demanda efectiva global y, por ende, en los niveles de renta y empleo. Por su parte Smythe y Schiller, discuten con la *Mass Communication Research*, cuyos principales referentes en ese momento eran Paul Lazersfeld y Wilburg Schramm. Smythe plantea que la función económica que cumplen los medios para lograr la reproducción del capital es vender audiencia a los anunciantes. Así, define un doble rol de la audiencia: como mercancía, ya que es vendida como producto a los anunciantes, y como trabajo, dado que ve que el tiempo de ocio también es productivo ya que se aprende a consumir de modo de colaborar en la reproducción de fuerzas de producción. Las críticas al trabajo de Smythe se relacionan con que no considera el rol del Estado en la función de reproducción y considera al ocio como trabajo. Además, en términos económicos no se vende audiencia a los anunciantes sino un espacio de emisión, en el que los programas también actúan como mercancía ya que se venden al anunciante como insumo para producir publicidad.

En lo que respecta a Herbert Schiller, es uno de los primeros en denunciar el proceso de concentración en la propiedad de los medios al señalar la relación entre el Estado norteamericano, las empresas de comunicación y las corporaciones industriales y bancarias. Su trabajo sirvió de influencia y se emparenta con las teorías de la dependencia cultural, desarrolladas en Latinoamérica.

Desde el ámbito europeo, particularmente desde la escuela británica, Murdock y Golding proponen una lectura no determinista de la frase de Marx en *La Ideología Alemana*: "La clase que dispone de los medios de producción material controla al mismo tiempo los medios de producción mental". Desde su perspectiva, la noción de "determinación" debe ser leída en el sentido gramsciano y entendida de modo amplio de fijación de límites, ejercicio de presiones y clausuras de opciones. Así, plantean que la producción cultural e intelectual no puede ser eternamente contradictoria con la lógica del capitalismo (no en el sentido de reproducción ideológica sino en cuanto a su sostenimiento económico). Toman el ejemplo de la prensa inglesa y dan cuenta que subsiste gracias a conglomerados lucrativos capaces de absorber sus pérdidas. En segundo lugar, dan cuenta de que los medios legitiman la estratificación social al transmitir los valores y creencias de las empresas que los sostienen.

Nicholas Garnham, introduce la noción de "formas económicas" para dar cuenta de que en el capitalismo varía la forma de buscar excedentes. La forma de la producción cultural en un momento determinado será producto de la interrelación entre formas económicas, ideología y política. Así, a diferencia de Smythe, Garnham plantea que la función económica directa de los medios es crear plusvalía a través de la producción de la mercancía "programas", con una función económica indirecta, que es crear plusvalía en otras áreas a través de la publicidad.

En lo que respecta a la escuela francesa, se vincula a los trabajos de *Groupe de Recherches sur les Enjeux de la Communication* (GRESEC), de la Universidad de Stendhall, representados por Bernard Miege y Patrice

Flichy. El foco principal de investigación del grupo fue estudiar los procesos de trabajo y valorización de los productos culturales y sus especificidades, que dependen del trabajo cultural, artístico, conceptual y creativo. Los límites de la subsunción de ese trabajo en el capital determinan las especificidades de la producción y de la estructura de los mercados culturales. Flichy estableció la distinción entre los sectores de edición (libros, discos, video, CD, etc) y la cultura de flujo (radio y TV).

La escuela francesa tendrá una importante incidencia en España, donde Ramón Zallo y Enrique Bustamante son algunas de sus figuras. En *La formación del valor en las industrias culturales*, Ramón Zallo (1988) plantea que la producción cultural posee un tipo de trabajo particular: el trabajo creativo, que "genera una producción simbólica que remite a los códigos culturales, históricos y presentes de una sociedad dada, contribuyendo a su reproducción ideológica y social". Para incrementarse, el capital establece una relación particular con el trabajo creativo a través de la creciente asalarización, que desdibuja la creatividad individual a la medida de la socialización del trabajo con la consiguiente desposesión del saber creativo. El valor de uso del trabajo creativo otorga el carácter único e insustituible a las mercancías culturales, que se expresa en el valor de cambio reproducido industrialmente en forma de mercancía multiplicada. Esta multiplicación afecta al valor por el reparto de los costes para reducir el valor del producto y permitir la formación de demandas de masas. La continuidad representada por la industria misma predomina absorbiendo obras únicas y diferenciadas como parte de una programación. En consecuencia, la asalarización opera como tendencia en aquellas actividades susceptibles de normalización técnica y productiva.

Según Cafassi (1998), en la "era digital", los *bits* no se sustraen a la teoría del valor planteada por Marx: "El valor de las cosas, los *bits*, o lo que fuera, no es otra cosa que la envoltura que asumen los objetos de la actividad humana creativa por excelencia, bajo relaciones capitalistas de producción. Tratándose de mercancías moleculares tradicionales, su valor depende de la cantidad de trabajo socialmente necesario que contiene para su producción. La magnitud de trabajo objetivado remite a la sustancia común que permite su conmensurabilidad y, por lo tanto, su intercambio como equivalentes. En última instancia, la mercancía constituye materialmente la unidad dialéctica del valor de uso y el valor, siendo la base analítica sobre la cual se erige el trabajo abstracto (única forma de trabajo creadora de valor) y la teoría del dinero. Con los *bits*, no ocurre nada distinto".[20]

Sin embargo, la particularidad que introducen las mercancías digitales es la posibilidad de obtener copias idénticas a muy bajo costo, "en ningún otro caso que no sea en el del *bit*, es dable pensar la clonación de una mercancía por otro proceso que no sea la producción capitalista misma. Dados los elementales medios de reproducción (una simple computadora personal), y de almacenamiento (discos duros, disquetes, zip drives, etc), no basta sino una simple operación de teclado y un pequeño tiempo para obtener una copia exacta de un original cuya producción puede haber insumido proporciones enormes de trabajo abstracto".[21]

De ahí en más que Cafassi sostenga que a partir de estos cambios tecnológicos, se abren importantes posibilidades para la democratización de la cultura. Por el contrario, lejos de liberar su potencial, la "fuerza política del *bit*" quedó reducida de tal modo que, como dicen Punie, Burgelman y Bogdanowicz (2002), "la euforia por la nueva economía se ha convertido en *el negocio de siempre*".

Ante el panorama optimista generado entre fines del S.XX y comienzos del XXI por Internet (que anunciaba la modificación de las cadenas de valor de producción y distribución de contenidos) y su consecuente desencantamiento luego de la caída del Nasdaq, los autores observaron un desplazamiento que podría resumirse como un movimiento del "usuario a la industria". Es decir, en un principio, con el escenario promisorio de Internet, se puso énfasis en las posibilidades

---

[20] Cafassi, E. (1998) "Bits, Moléculas, y Mercancías (Breves anotaciones sobre los cambios en el submundo de las mercancías digitalizadas)", en Finquelevich S., y Schiavo, E. (comps), *La ciudad y sus TICs*. Buenos Aires, Sudamericana.
[21] Idem.

que la tecnología traería al usuario, augurando que "todo el mundo" se convertiría en productor de contenidos debido a la reducción de barreras de entrada[22] para acceder al canal de distribución (la web) y competiría con las empresas de medios tradicionales. Luego de una lectura más realista, se reveló un repliegue hacia "los fundamentos de la economía": las posibilidades planteadas por el bajo nivel de exigencias de entrada en cuanto a la producción de contenidos está relacionada con la existencia de un modelo de negocio adecuado y no con el *potencial democratizador* de Internet. Si bien es cierto que se reducen las barreras de entrada para nuevos actores eso no significa que a largo plazo cualquiera sea capaz de sobrevivir y hacer negocio. Las tecnologías no modifican la cadena de valor, más bien son complementarias a la actividad esencial de producción y distribución de contenidos. Es decir que, si bien la introducción de nuevas tecnologías impacta en el funcionamiento interno de las empresas, la estructura de los mercados sigue siendo la que dicta el curso de las condiciones del mercado. Según Enrique Bustamante (2003), en la actualidad, las principales tendencias que se observan en las Industrias Culturales (IC) están signadas por los procesos de concentración y transnacionalización que se advierten por la presencia de empresas y grupos estadounidenses y europeos en casi todos los países del mundo, lo cual conduce al concepto de globalización de un modelo de gestión sobre la empresa cultural, pero entendido como proceso parcial y desigual en ascenso. Según Bustamante, "la cultura no se está americanizando irreversiblemente, aunque los grupos norteamericanos jueguen un papel líder, pero sí la cultura 'McDonalds' (trasnacional) gana fuerza y poder de penetra-

---

[22] Valerio Britos señala que los mercados capitalistas, en particular los ligados a la comunicación, se presentan bajo la clase de oligopolios configurados a partir de barreras de entrada que garantizan los puestos más destacados a ciertas empresas, impidiendo el ingreso de nuevas compañías a un mercado o el ascenso de las ya participantes a posiciones de liderazgo. En consecuencia, las barreras de entrada funcionan como eje de conquista y fidelización del consumidor o para evitar que sus espacios sean ocupados. En Britos, V. "Oligopolios mediáticos. La televisión contemporánea y las barreras de entrada", en *Revista Telos* N° 56, septiembre de 2003. http://www.campusred.net/telos/articuloperspectiva.asp?idarticulo=2&rev=56

ción, articulando de forma clasista los mercados internacionales".[23] Esa expansión incesante de los mayores grupos en cada mercado y en la arena internacional ha impuesto una financiarización completa de las IC (el recurso intensivo al mercado de capitales por la búsqueda permanente de una maximización de beneficios a corto plazo). En esta perspectiva, a partir de estrategias transversales y de integración vertical, los grupos multimedia han tendido a multiplicar el número de ventanas o mercados de sus productos ante las posibilidades abiertas por la innovación tecnológica. Además, el discurso de la convergencia ha amparado una desregulación salvaje, consagrando la competencia desde todos los sectores pero especialmente desde las redes o el *software*, desde las telecomunicaciones, las empresas eléctricas, las de agua o de construcción como de la informática, en un nuevo concepto de estrategias multimedia, con integración vertical intensiva y creciente entre redes y contenidos-servicios.

En una dirección similar, Patxi Azpillaga, Juan Carlos de Miguel, Ramón Zallo (1998) explican que las industrias culturales ya no tienen una única forma de financiamiento sino que se produce un entrecruzamiento de lógicas entre ellas, de modo que, con posibilidades distintas, todas intentan llegar a todos los agentes remuneradores (familias, empresas, publicidad, Estado). Aparte de las tres formas tradicionales de valorización existentes (edición continua, edición discontinua y emisión), los autores describen cuatro nuevas formas, producto de los cambios técnicos y sociales: la edición informática, las televisiones de pago, el audiovisual interactivo y las comunicaciones/servicios. Estas formas de valorización tenderían a integrarse hacia dos modelos básicos (edición informática y redes) e incluso hacia un solo modelo caracterizado por una red polivalente desde la que se accedería a toda la información y cultura digitalizable.

En este panorama de las industrias culturales, se advierte la evolución de los medios privados hacia modalidades de pago, lo cual pone en tensión el actual modelo de contenidos gratuitos (caracterizado por

---

[23] Bustamante, E. (2003), *Hacia un nuevo sistema mundial de comunicación. Las industrias culturales en la era digital*. Barcelona: Gedisa.

la recepción universal para una demanda ilimitada) que de aquí en más pasará a regirse por el principio de lo privado y la exclusión. Siempre y cuando haya usuarios dispuestos a pagar un abono, la tendencia se dirige hacia la personalización, a la adaptación de los contenidos a los clientes, creando nichos de mercado especializados.

El audiovisual interactivo –que podría convertirse en un servicio más en los sistemas de cable convencionales que cuenten con una red de fibra óptica– incorpora una lógica editorial plena en tanto y en cuanto se paga en relación directa a lo que se solicita y consume. La clave de la gestión reside en la disposición de un fondo de programas de interés que adopta la forma de stock de información fijo y reutilizable y que prolonga la vida del producto, salvo en lo relativo a retransmisiones de actualidad o deportivas.

En la televisión abierta y en el cable rige el modelo de fidelización, pero cuando el usuario comienza a decidir desde la personalización, además de la consiguiente fragmentación de la audiencia, se produce un viraje por el cual comienza a regir el principio de incertidumbre.

En este sentido, si bien anteriormente se señalaba una fuerte competencia de las modalidades de pago respecto del sistema generalista, la disputa también se hace sentir al interior de las redes de pago, entre los canales y programas, debido a que los ingresos que reciban los suministradores de programas por parte del operador del cable o de la plataforma digital por satélite dependerán de la orientación de la demanda. Al mismo tiempo, se instala una alta concurrencia entre poseedores de derechos audiovisuales de productos apreciados y/o de calidad, que actúan como filtro de la gran oferta que realizan los productores. Sin embargo, esa competencia no beneficia al usuario, ya que no tiene muchas oportunidades de cambiar de operador.

Otra de las tendencias que se vislumbran en el camino a la personalización es la búsqueda de rentabilidad con las tecnologías de banda ancha y las licencias de telefonía móvil, a través de servicios de valor agregado, juegos, radio y TV interactiva.

Si bien es indudable el advenimiento del "modelo *pull*" (búsqueda de contenidos por parte de los usuarios), su fuerza no debe sobreestimarse ya que la oferta generalista seguirá siendo dominante debido a la necesidad de generar economías de escala. Además, otra motivación para sostener el esquema de emisión punto/multipunto reside en la importancia de compartir experiencias comunes, de tener puntos de referencia para anclarse. De ahí la importancia de la barrera de entrada estético productiva[24] que, definida a partir del patrón tecnoestético y centrada en la dimensión simbólica de la comunicación, está relacionada con la identidad. El medio intentará actuar sobre el imaginario del receptor para lograr su fidelización a través de la creación de marca de modo que aquel reconozca la señal representativa de las cualidades de un determinado producto y eleve a la empresa a la condición de líder (Britos 2003).

El rol de la TV

La televisión digital es la ocasión de una profunda reestructuración del poder televisivo, de sus agentes, alianzas y hegemonías (Bustamante 2003). Más allá de las particularidades que introduce la adjetivación "digital", se advierten continuidades y rupturas respecto del mundo analógico en su modo de funcionamiento.

Bustamante (1999) ubica a la televisión bajo la categoría de "cultura de flujo"[25] de las IC y plantea que aquella "es la industria líder por la importancia de su oferta y su consumo y por el papel capital que juega

---

[24] Las barreras de entrada características de los mercados mediáticos o comunicacionales se pueden clasificar en estético-productivas y político-institucionales. Las primeras relacionadas con patrones tecno-estéticos, entendidos como "una configuración de técnicas, formas estéticas, estrategias y determinaciones estructurales, que definen las normas de producción históricamente determinadas de una empresa o de un productor cultural concreto para quien dicho patrón es fuente de barrera de entrada". Las segundas son las resultantes de los procesos de regulación. En Britos, V. ob. cit.

[25] Como parte de la cultura de flujo, la lógica de la radio y la televisión se basa "sobre una multiplicidad de productos insertos en un flujo- programación- servida en continuidad y por ello con una gran aleatoriedad de la demanda (menor riesgo comercial), financiada indirectamente por publicidad y de mayor obsolescencia comercial" (Bustamante 1999).

en la promoción y comercialización de las restantes IC. Además, en ella la técnica es inseparable del proceso de producción y los medios técnicos y económicos no pueden separarse de los recursos intelectuales".[26] En la misma dirección, Zallo apunta que "el modo de producción en televisión asume una lógica de racionalidad económica que lleva a la implantación de un modelo taylorista de trabajo, que supone que la máxima definición y estandarización de las tareas o funciones es compatible con una producción siempre cambiante".[27]

La TV sigue ocupando ese rol a la vanguardia de las IC en la "era digital" ya que se presenta como un escaparate pionero de las promesas y riesgos, de las ventajas y desafíos de la convergencia mediática. Se ve a la TV como puerta de acceso potencial a la universalización de los bienes y servicios de la era digital en muchas sociedades. Pero además de su naturaleza económica —costes fijos elevados, costes variables nulos, economías de escala potentes— la diversificación de sus modelos de negocio, sus modalidades de tarificación y su adelantada experiencia en la segmentación de la oferta y los usuarios, la hacen aparecer como un patrón para el conjunto de los nuevos medios o para la transformación de los sectores clásicos. (Bustamante 2003, p. 167). Con la televisión digital puede considerarse que el medio pasa de un estatuto de red de conexión al de red de difusión o redes mercado en donde se produce, intercambia y consume una cantidad cada vez más elevada de productos y servicios con un creciente valor agregado. Así, este nuevo abanico de servicios complejiza el modo de maximizar el ingreso por cliente, las tareas de empaquetamiento o de edición de la información, la gestión de las tarifas y de las formas de pago; haciendo que puedan aparecer otras opciones como la posibilidad de cobrar por tiempo, por quiosco o por paquetes de información (Bustamante 1999, p. 173).

De este modo, la mayor novedad que trae consigo la televisión digital reside en su efecto económico al permitir el abaratamiento de los

---

[26] Bustamante, E. (1999), *La televisión económica. Financiación, estrategias y mercados*, Editorial Gedisa, Barcelona.

[27] Zallo, R. "La formación de valor en las industrias culturales".

soportes y la multiplicación de la oferta y la interactividad, que conduce al crecimiento de los contenidos bajo demanda. Sin embargo, no todo es "revolucionariamente nuevo" sino que, en muchos aspectos, subsisten invariantes cuyo origen se encuentra con el advenimiento en los años 1970 y 1980 (y posterior consolidación en los noventa) de nuevas tecnologías como la televisión por cable y luego el satélite directo al hogar (DTH). A través de la integración vertical entre programadores y operadores de plataformas de transmisión, los servicios de televisión multicanal permitieron multiplicar la oferta de cantidad de canales, segmentar la audiencia, así como también avanzar en la lógica de pago por consumo; acrecentar los procesos de concentración y globalización, de productos, programaciones y capitales (Galperín, 2003). Todas tendencias, que presumiblemente, se verán profundizadas con el nuevo escenario.

En lo referente a modelos de negocio o modos de financiamiento, en la economía de la información los ingresos pueden proceder de tres vías: la publicidad, la suscripción o el pago por servicio. Para cada alternativa será necesario decidir el precio, en función del valor para el consumidor del servicio que se ofrezca. De este modo, se pueden distinguir tres vías de discriminación por precio: "Vender a cada cliente a un precio distinto (*personalized pricing*). La dificultad que presenta esta modalidad reside en que aquellos que están dispuestos a pagar más no querrán hacerlo si se enteran que otros pagan menos. Una segunda vía de segmentación consiste en ofrecer distintas versiones del producto o servicio y el cliente elige. Por último, se puede agrupar a los consumidores según características y establecer un precio para cada segmento (*third degree price discrimination*) (Josep Mª Surís, 2006).

Bustamante (1999) plantea que existen tres tipos de televisión: televisión pública, televisión publicitaria y televisión de pago. Depende de la titularidad y la financiación de cada una de ellas saber quién vende qué a quién. La Televisión pública que no vende nada a nadie, se financia por canon o por el Estado por lo que siempre es un gasto. Al buscar legitimidad política, se dirige al ciudadano y su tarea principal es "educar, informar y entretener".

Por su parte, la Televisión publicitaria (fordista, es decir, generalista, abierta y privada) [28] se dirige al consumidor y coloca en primer plano al anunciante. Como diría Smythe (1977) vende atención del público a los anunciantes. Se trata de un verdadero mercado porque el operador transforma inversiones que se hacen en programas, en ingresos sacados de la audiencia de esos mismos programas. Por competencia busca innovación tecnológica y también cumple un papel de reproducción ideológica.

Por último, la Televisión de pago (cable) plantea una relación mercantil directa ya que se financia por abono (aunque también por publicidad). Vende disponibilidad o el consumo de unos programas exclusivos. Al igual que en cualquier otro servicio, se dirige al espectador- cliente (por eso es una relación económica auténtica). Hay una diferenciación por precio. Cuesta dinero introducir un nuevo abonado porque se necesita más infraestructura. La televisión de pago va contra la naturaleza del servicio que es de consumo irrestricto, termina con la apariencia de gratuidad. Se justifica porque se supone que la atención máxima a la satisfacción de las preferencias del cliente eliminaría el despilfarro de recursos que supone una televisión obligada a emitir programas más allá del resultado de su oferta (como es el caso de la TV pública).

Esta clasificación resulta útil para tener en cuenta en lo que refiere a televisión digital ya que, en principio, en cuanto a la financiación,

---

[28] Desde sus comienzos hasta aproximadamente los años 1970, los servicios de televisión consistían básicamente en un número limitado de canales terrestres de programación masiva financiados por publicidad (en los Estados Unidos y América Latina) y/o subsidios estatales (en la mayor parte de Europa y Asia). El modelo de regulación estaba basado, tanto para operadores privados como públicos, en la idea del "servicio público": el Estado otorgaba un número limitado de concesiones para el uso del radioespectro a cambio de una serie de obligaciones formales respecto a la programación (programas educativos, de información, espacios de publicidad política, contenido nacional, etc.). Los resultados fueron mercados de televisión oligopólicos, de programación poco diferenciada y, por lo general, altamente rentables para los pocos concesionarios privados. El "pacto fordista" residía en que el Estado garantizara un financiamiento seguro y a largo plazo para la producción de programas con tres consecuencias: asegurar la demanda de televisores; ayudar a crear audiencias masivas, esenciales para el marketing fordista; proporcionar un medio para la movilización política de las masas y para la formación de la opinión pública.

la combinación de las tres formas existentes (especialmente la publicidad y el abono) guiará la búsqueda de su modelo de negocio. La centralidad del pago del espectador hace olvidar habitualmente que la publicidad seguirá jugando un papel importante y necesario para ayudar a pagar el incremento geométrico de la oferta de programas y servicios, lo que le dará un papel destacado en la determinación de parte de los mensajes, pero también una función cada vez más directa como proveedor o productor de contenidos. Además, los diferentes modos de pago como el abono básico y, para algunos servicios especializados (lógica del club), la facturación en función del tiempo, el sistema de quioscos constituye distintas facetas que se entrecruzan sin llegar a ser un modo unificado y estabilizado de pago. Ello demuestra que todavía está lejos la cristalización de los usos y modos de acceso para que devengan en verdaderos usos sociales y, por lo tanto, que la convergencia sigue siendo un horizonte no tan cercano. (Bustamante 1999 p. 176; Laccroix et al., 1993).

Por el contrario, no se puede decir lo mismo respecto de la sinergia empresarial dado que la convergencia tecnológica, agudiza los procesos de oligopolización y transnacionalización de los medios. Como señala Gustavo Gindre (2007), se asiste al cierre de la primera fase de concentración con la consolidación de gigantes transnacionales como Time-Warner, Viacom, Disney, Sony, Bertelsmann y Universal, todos incluyen a los grandes estudios de Hollywood, canales de televisión (abierta y paga) y editores. Por debajo de esas corporaciones se encuentran empresas de alcance continental como Liberty Media, Globo, Cisneros, Televisa, entre otros, que operan en alianza con las anteriores. En la misma dirección, Mastrini y Becerra plantean en "Periodistas y Magnates" (2006) que se puede conceptualizar el sistema global comercial info-comunicacional en diez grandes grupos transnacionales; cincuenta grupos dominantes de mercados regionales y noventa grupos dominantes de mercados domésticos nacionales y subregionales.

Con la ruptura entre redes y cadenas, los grandes grupos de comunicación se unen, en competencia o alianza, con operadores de telecomunicaciones, fabricantes de satélites, grupos eléctricos o de aguas, grandes corporaciones de software y la informática (incluso, por detrás de cada una aparecen actores del mundo financiero) formando agrupaciones de dimensiones inéditas.

Actualmente, se asiste a la disputa entre operadores de telecomunicaciones y TV paga para ofrecer *Triple Play* (voz, datos y video) lo que hace prever una concentración aún mayor dado que empresas de telecomunicaciones se lanzan a la adquisición de cableras y viceversa. La escalada final de la concentración de medios tendrá lugar cuando redes y contenidos queden en manos de una misma empresa formando enormes conglomerados dueños de mallas *"fiber to the home"* a través de las cuales pondrán a disposición todos los servicios por una misma red, de modo que se evitará pagar tasas de interconexión con redes de terceros (Gustavo Gindre, 2007).

La instalación de redes es un negocio intensivo de capital y de constante innovación tecnológica. Debido a su enorme potencia financiera, el continuo proceso de alianzas mundiales de grupos de telecomunicaciones amenaza con desestabilizar el paisaje mundial del audiovisual (Bustamante, 1999).

Caracterización de la televisión digital terrestre (TDT)

El pasaje analógico/digital supone repensar la industria de la radiodifusión en términos político-económicos ya que, la migración requiere fuertes inversiones por parte de los radiodifusores y usuarios tanto para la reconversión de los estudios y transmisores por parte de aquellos y el recambio del parque de receptores por cuenta de éstos últimos. Además, la digitalización implica la concertación entre distintos actores (programadores, fabricantes de equipos y operadores de redes) así como el surgimiento de nuevos actores (por ejemplo, el operador del multiplex) que pasan a formar parte de la cadena de valor en la búsqueda de modelos de negocio rentables. Asimismo, la televisión digital abre interrogantes sobre el esquema de regulación dado que la configuración del servicio en el entorno analógico —caracterizado por escasez de licencias terrestres justificadas por limitaciones impuestas por el espectro; servicios unidireccionales; terminales "bobas" y una clara distinción entre servicios de radiodifusión y telecomunicaciones— va quedando obsoleta frente a las posibilidades de un nuevo modelo que habilita gran cantidad de canales, servicios interactivos y terminales inteligentes (Galperín, 2003).

En lo que respecta específicamente a la TDT, según el informe de GAPTEL (2005)[29], la velocidad de adopción y, por ende, su viabilidad, depende de que se genere un círculo virtuoso de desarrollo dado por la presión del apagón analógico; el despliegue de una oferta atractiva de

---

[29] Informe de GAPTEL. *Televisión Digital*. Marzo de 2005. Red Es. Madrid

contenidos (de canales y servicios complementarios; la adquisición de descodificadores por parte de los usuarios) y la generación de ingresos publicitarios para las cadenas. Según estimaciones de dicha entidad, la modalidad de transmisión terrestre de la TV digital tiene una ventana de oportunidad de un período de seis años, luego del cual podría volverse inviable debido a que las mayores opciones de interactividad e integración de servicios que llegará a ofrecer la opción de televisión digital sobre banda ancha sumado a la madurez de esta oferta, harán perder atractivo de la TDT.

Aspectos tecnológicos de la TDT

La TDT es un sistema de transmisión digital que consiste en el muestreo y codificación de las imágenes en un flujo de datos binarios (ceros y unos) que cabalga sobre la red de distribución de la TV hertziana analógica y puede ser recibido por las mismas antenas con un costo de adaptación. A su vez, el usuario debe instalar en su hogar un equipo receptor específico cuya función reside en demodular la señal de TV digital y descomprimirla para que pueda ser visualizada de forma adecuada en el televisor. Existen distintos tipos de receptores de TDT: el receptor digital externo o *Set-Top Box* (STB) que se conecta al televisor analógico convencional. Los STB se diferencian entre sí por el grado de complejidad de acuerdo a las funciones que permiten realizar (si sólo se restringe a la oferta abierta o incluye la posibilidad de acceder a los canales de pago, distintos grados de interactividad, posibilidad de grabar-PVR, etc.), en este sentido, sus precios oscilan entre US$ 100 a US$ 1000 a nivel mundial. El otro dispositivo es el televisor digital integrado (IDTV), que está diseñado para recibir directamente tanto la nueva televisión digital como la televisión analógica convencional sin necesidad de instalar un receptor externo. El IDTV presenta un formato panorámico, pantallas de alta resolución y soporta la reproducción de sonido de alta calidad.[30]

---

[30] Foro Técnico de la Televisión Digital (junio de 2005) "Televisión digital: adaptarse hoy para la nueva televisión". España.

La televisión digital en general y, por ende, la TDT como modalidad de transmisión específica, presenta ventajas técnicas respecto de la televisión analógica. En primer lugar, cabe señalar el incremento en la calidad de señales de imagen y sonido debido a los mecanismos de corrección de errores, aún cuando se trata de igual nivel de resolución que en la televisión analógica.

En segundo lugar, la televisión digital permite un uso más eficiente del canal de transmisión dado que con la compresión digital de señales se puede utilizar el ancho de banda que hoy ocupa un canal analógico (transmisiones en 6MHz en América Latina y USA, 7 y 8Mhz para Europa) para ofrecer más canales pasando a transmitir entre cuatro y seis de baja resolución, o un canal de alta definición (HDTV) y otro de baja resolución. La mayor parte de los sistemas de distribución de contenidos audiovisuales utilizan el estándar MPEG-2 para la codificación de los contenidos que posibilita un rango de velocidades entre 3 y 6 Mbps para "calidad estándar" (SDTV) y de entre 18 y 20 Mbps para HDTV. Actualmente, se trabaja en el estándar MPEG-4 (también denominado H.264 o *Advance Video Coding*, AVC) que, en relación con el MPEG-2, reduce a la mitad la capacidad de transmisión necesaria para la misma calidad de imagen. De este modo, sería posible aumentar aún más la oferta y contribuir a la pluralidad de canales. Asimismo, el estándar MPEG-4 hace posible transmitir imágenes de definición reducida a velocidades de transmisión bajas permitiendo la distribución de contenidos audiovisuales de reducido tamaño adaptados a las pantallas de los teléfonos móviles, PDAs o a las pantallas de los automóviles. De este modo, además de la recepción fija individual o colectiva, la TDT podría permitir la recepción portátil y móvil en un futuro.

Teniendo en cuenta las experiencias existentes de TDT (principalmente en Europa) Bustamante (1999) sintetiza la tipología de los canales en multiplicación en canales generalistas nacionales y regionales, que amplían así su ámbito de difusión y sus mercados; canales temáticos de entretenimiento, cada vez más ajustados por géneros, temas y *targets* de población; canales de servicios, orientados a intereses profesionales de segmentos rentables y muy precisos de clientes; servicios interactivos y multimedia, para el mercado profesional o de negocios y para los hogares. El autor llama la atención respecto de que, a pesar de que se postula que la digitalización abre caminos a la diversificación, en ningún país se potenció realmente a la televisión local o regional.

En tercer lugar, la televisión digital también genera mayor flexibilidad en el uso del canal de transmisión, debido a la técnica del *multiplexing* digital que permite la asignación del ancho de banda de acuerdo a la necesidad de los distintos canales o servicios ofrecidos por el operador.

Otra ventaja que trae consigo el uso más eficiente del canal de transmisión señalado anteriormente, se encuentra que el surgimiento de nuevos servicios como servicios interactivos, ya sea su carácter de servicio público (administración electrónica, teleeducación, etc.) o comercial (telebanca o telecompra); API (*Applications Programs Interfaces*)[31]; acceso a Internet; herramientas de navegación asistida y motores de búsqueda de eventos, pago por visión (PPV-*Pay Per View*), guía electrónica de programas (EPGs-*Electronic Program Guides*), canales de radio, visión multicámara (de especial interés en eventos deportivos); entre otros.

Por último, se puede señalar que el uso de la tecnología digital trae mayor interoperabilidad con las aplicaciones y equipos de telecomunicaciones y la industria informática. La combinación de la oferta de TDT y la oferta del acceso a banda ancha en alianza con los operadores de telecomunicaciones permite hacer provecho del desarrollo y las economías de escala en ese sector. Los operadores de TDT pueden lanzar su propia oferta de terminal avanzado *Triple Play*, utilizando servicios de banda ancha y VoIP de terceros, o asociarse con operadores de telecomunicaciones, entrantes en la oferta *Triple Play*, para proporcionar el componente de televisión en sus ofertas comerciales.

---

[31] Hace referencia a la interfaz del usuario con el receptor e incluye la tecnología que garantiza la ejecución eficiente de las aplicaciones interactivas.

Nuevos actores, viejas barreras de entrada

Enrique Bustamante (1999-2003) plantea que con la televisión digital en todos sus soportes (pero especialmente en la TDT), la industria electrónica de consumo ve la posibilidad de un relanzamiento geométrico del mercado de sus productos a escala mundial, tras varios años de saturación e incluso crecimientos negativos en los países más desarrollados.

A su vez, la televisión digital supone la aparición de un nuevo actor como el operador del multiplex, que debería encargarse de gestionar neutralmente los paquetes de canales digitales compartidos entre varias empresas. Así, la "nueva" televisión –como medio llamado a guiar la convergencia tecnológica– supone que, teóricamente los operadores de redes son independientes de los difusores y programadores que se limitan a ser meros editores de programas. Sin embargo, lejos de las utopías de libertad generalizada de transmisión y pluralismo, en la práctica, se advierte una mayor concentración en el control de infraestructuras y redes y se establecen relaciones de privilegio con ciertos proveedores de contenidos (casualmente los dueños de las redes suelen estar vinculados accionariamente con ellos), alterando la supuesta neutralidad y competencia transparente. Otra ventaja que se le atribuye a la TV digital es la desintermediación por sistemas operativos como API (*Applications Program Interfaces*) o EPG (*Electronic Guide Programming*) que, en realidad actúan como una barrera de entrada sustituyendo a la antigua programación monocanal pero que genera una programación constrictiva en la orientación del consumo, con ofertas destacadas y contenidos marginados, con lógicas de circulación predeterminadas entre canales y servicios. Se plantea el problema de libertad de opción del usuario y una seria barrera de entrada para la competencia y el pluralismo, con riesgo de prácticas predatorias contra productores independientes y consumidores. Así, el escenario descrito no hace otra cosa que evidenciar una dinámica propia de la televisión de pago, convertida en el motor inicial de la televisión digital, y que contempla al usuario como simple consumidor cautivo que se convierte en un activo empresarial de creciente valor.

Adicionalmente, para continuar dando cuenta del viraje de la lógica televisiva hacia un sistema cerrado, cabe notar que en el informe de GAPTEL se señala que, si bien el modelo de negocio de la TDT es esencialmente un modelo de televisión abierta, basado en ingresos por publicidad en el que no tienen cabida ofertas de pago con cuotas, sí debe considerarse la inclusión de contenidos de pago y modelos de pago por eventos. Éstos se convierten en la clave del nuevo escenario, mientras que el canal o la parrilla televisiva que configura el operador queda en un plano secundario.

En este sentido, no debe sorprender la siguiente argumentación del GAPTEL que termina por consolidar el *statu quo* de los licenciatarios actuales en el entorno digital: "La TDT supondrá un importante aumento del número de canales televisivos, y con ello provocará una fragmentación de las audiencias y una mayor fragmentación de la inversión publicitaria. En este sentido, la opción más probable es el reparto del espectro entre los actuales concesionarios de televisión analógica o digital".

Planteado de esta manera, el círculo se cierra sobre sí mismo y se consagra una vez más a los mismos actores y a la lógica comercial, transformando en una ilusión la identificación del fin de la escasez de frecuencias con el acceso al medio para nuevos *"players"*.

Aspectos regulatorios: entre la finitud y abundancia del espectro

Como se mencionó al comienzo de este apartado, uno de los desafíos que se presenta con la televisión digital es la adaptación de los marcos regulatorios para el tratamiento de la convergencia de servicios. Tal como lo indica el informe de GAPTEL (2005), "si se procede a regular, lo primero que hay que hacer es determinar qué se entiende por televisión. Para ello es necesario delimitar los servicios que se incluyen dentro del concepto televisión y separar de forma precisa los servicios audiovisuales, de los de telecomunicaciones y los servicios de la Sociedad de la Información".[32]

---

[32] Ob. Cit.

Gustavo Gindre señala que la forma de regulación "vertical" (por servicio y/o por tecnología) propia del siglo XX dejó de funcionar ante la digitalización. Muestra de ello es el cruce de una misma tecnología portando diferentes y distintos servicios siendo ofrecidos en varias tecnologías. En consecuencia, el autor explica que el camino más eficiente parece ser la regulación por "camadas" o "funciones" que debe regirse por los principios básicos de universalidad, pluralidad y respeto a los derechos humanos. Gindre propone cuatro "camadas básicas": infraestructura; nombre de dominios IP, arquitectura y contenidos. En éste último caso, propone cinco subcamadas: privacidad, propiedad intelectual, contenidos indeseados, crímenes cibernéticos y producción simbólica.[33]

Como dice Valerio Britos (2003), "la creación de esta barrera (político-institucional) puede convertirse en un proceso decidido por instancias gubernamentales o de relaciones privilegiadas con dichos organismos".[34] Las presiones políticas e inercias institucionales hacen que las barreras de entrada propias del entorno analógico para limitar la cantidad de concesionarios se reproduzca en el nuevo escenario. (Galperín, 2003). En este sentido, Gustavo Gómez Germano (2007) plantea que durante el período de transición se asiste a una paradoja por la cual, en lugar de optimización y ahorro de espectro, los mismos empresarios que ya tienen frecuencias para transmisiones analógicas necesitan más espectro para dar inicio a las emisiones digitales. Esto implica que durante dicho período, los grupos mediáticos pueden llegar incluso a duplicar su uso del espectro (obtenido sin costo alguno) en beneficio de sus negocios, reduciendo aún más la disponibilidad de espacio para la entrada de nuevos operadores. Entonces, si bien es cierto que la liberación del espectro podría levantar la barrera de entrada que pesa en el entorno analógico, no se trata de una cuestión técnica exclusivamente sino que supone una decisión política que implica el

---

[33] Para ampliar información , ver: Gindre, G. "Agenda de regulação: Uma proposta para o debate". En *Comunicação digital e a construção dos commons: Redes virais, espectro aberto e as novas possibilidades de regulação.* Silveira, Benkler, Werbach, Brant, Gindre. Fundação Perseu Abramo.

[34] Ob. Cit.

establecimiento, de normas para el acceso a las frecuencias adyacentes y cronogramas de devolución, entre otras cosas.

Lo cierto es que con la multiplicación de la capacidad de transmisión de canales, la televisión digital permite reformar el modelo de radiodifusión basado en la concesión de un número reducido de licencias a operadores de tipo generalista. En este sentido, las posibilidades abiertas con el recambio de tecnología podría ser utilizada como instrumento de política pública democratizadora que se aparte de una visión economicista que asume que la tecnología se impone por sí sola, acompañada de una política industrial que centra sus esfuerzos en redes y equipos dejando de lado los contenidos y servicios.

Como dice Bustamante (2006), "la llegada de las tecnologías digitales y de las infraestructuras basadas en ellas han puesto a la comunicación y la información en el centro del sistema y a su regulación y modelo como axial del destino de la sociedad [...] la cultura está en la base, no ya sólo del pluralismo, sino de todo el desarrollo económico y social posible para los individuos, regiones y pueblos"[35]. Es por eso que el autor plantea que no se puede mantener el discurso de un papel crucial de las nuevas tecnologías en la sociedad futura y contemplar una regulación mínima bajo el control de los operadores económicos de dichas tecnologías.

Rol del Estado: las políticas públicas frente a la TDT

A partir de lo explicado hasta aquí, siguiendo a Gustavo Gómez Germano (2007) se puede observar la existencia de un discurso que plantea que la digitalización conduce *per se* a la democratización de medios y contenidos, con la consecuente ampliación de los derechos ciudadanos a partir de las posibilidades que abre la interactividad. Sin embargo, ese destino manifiesto llamado a reequilibrar la tendencia comercial actual del sistema de radiodifusión dependerá del modelo de política pública que se adopte desde el momento inicial y luego, durante el período de transición.

---

[35] Bustamante, E. (julio-oct 2006), "Diversidad en la era digital: la cooperación iberoamericana cultural y comunicativa". Revista *Pensar Iberoamérica* N° 9.

La "carrera" por la elección de la norma de TDT a la que se enfrentan la mayoría de los países latinoamericanos plantea el desafío de re-pensar la relación entre "comunicación" y "cultura", términos que parecen irreconciliables si la disyuntiva es entendida como una decisión meramente técnica. La disputa por la hegemonía mundial llevada adelante por Estados Unidos, Europa y Japón (a través de los estándares ATSC, DVB e ISDB-T, respectivamente) tiene un efecto cegador ya que hace creer que la única decisión reside en la elección de la norma. Sin embargo, por sí sola, dicha definición no asegura que su uso vaya en el sentido deseado y el mercado tampoco permitirá el aprovechamiento óptimo de las posibilidades abiertas con el avance tecnológico.

Hernández y Postolski plantean que no hay que perder de vista que la creación de los consorcios desarrolladores de los estándares supuso planificación y establecimiento de acuerdos entre los Estados centrales, bloques regionales y grandes conglomerados que pensaron en la ganancia potencial que surgiría de la imposición de una u otra norma técnica. Mientras que los radiodifusores instalados mejorarán sus modelos de negocios, los fabricantes de equipos encontrarán la oportunidad de beneficiarse con el recambio de aparatos. En consecuencia, los autores sostienen que "se trata de un formidable intento de obtener plusganancia del consumidor final (individuo, país o región), sostenido en el apocalíptico *apagón analógico* como estandarte de la peor mitología empresarial [...] Las directivas emanadas de los centros de poder definirán las acciones del gobierno, y es en el peso de los actores privados donde se establecerá la dinámica de la discusión en torno a la política pública que se debe asumir [...] De modo que será el mercado, y no el Estado, quien diseñe las políticas públicas en el campo de la incorporación de las tecnologías, en base a una orientación de los intereses técnicos y económicos predominantes por sobre los intereses democráticos, ciudadanos, sociales y culturales."[36].

Por lo anterior, se hace necesario que la sociedad civil se involucre en el tema ya que, en Latinoamérica, las organizaciones sociales sin fines

---

[36] Hernández, P y Postolski, G. "La Televisión Dilemática, sus problemas terrestres, el derecho a la comunicación y las políticas públicas en el nuevo sistema digital" (mimeo).

de lucro (sector comunitario y no comercial) están excluidas del acceso a frecuencias radioeléctricas en el mundo analógico con lo cual también podría reproducirse dicha situación en el entorno digital.[37] "De nada sirve tener cuatro señales en lo que antes era un canal de televisión, si es el mismo dueño quien los utiliza y además lo hace para difundir cuatro contenidos de iguales características y todos son enlatados extranjeros (en lugar de una telenovela ahora ofrece cuatro distintas para gustos variados). A su vez, de poco servirá, si en lugar de desarrollar la capacidad de los ciudadanos para participar en la vida democrática se transforma únicamente en nuevas formas para aumentar el comercio electrónico a través de los medios", dirá Gómez Germano.

No hay que perder de vista que en los países latinoamericanos, los niveles de poder adquisitivo más bajos en relación a los de los países desarrollados[38] harán que el pasaje hacia la televisión digital pase principalmente por la compra de conversores en lugar de televisores integrados. Entonces, la adquisición de *set top boxes* puede transformarse en un cuello de botella si sus precios son elevados, dificultando la

---

[37] Cabe mencionar que durante el 2009 distintos países de la región como Ecuador, Argentina, Venezuela, Uruguay, Brasil y Bolivia, entre otros, llevaron adelante grandes debates para modificar sus marcos regulatorios en materia de Comunicación. En el caso de Argentina hay que destacar la sanción de la Ley de Servicios de Comunicación Audiovisual (26.522), que establece la reserva de 33% del espectro radioeléctrico a organizaciones privadas sin fines de lucro.

[38] Según estimaciones del FMI para el 2008, el valor promedio de poder adquisitivo de la población en países desarrollados como Estados Unidos es de US$ 45.968; en el Reino Unido, US$ 38.742; Italia, US$ 33.254; Alemania, US$ 34.291; Japón, US$ 35.200. Mientras que, en lo que respecta a Latinoamérica, Trinidad & Tobago lidera el grupo de países con alto valor promedio de poder adquisitivo con US$ 17.494 *per capita*. Le siguen Argentina y Chile con US$ 16.080 y más de US$ 12.811, respectivamente. Por su parte, Brasil tiene un promedio de US$ 10.073; México, US$ 11.369; Colombia US$ 8.260 y Venezuela, US$ 7.480. En el rango medio también se ubican Uruguay, con US$ 11.969 y Costa Rica, con US$ 11.862; República Dominicana (US$9.377), Panamá (US$ 8.593) y Venezuela (US$ 7.480). Los países con menor promedio de poder adquisitivo son Perú, con US$ 6.856; El Salvador, con US$ 5.600; Paraguay, US$ 5.339; Ecuador, con US$ 4.835; Jamaica, US$ 4.494 y Guatemala que tiene US$ 4.335. Por debajo de los US$ 4.000 *per capita* están Nicaragua (US$ 3.886), Honduras (US$ 3.199) y Bolivia (US$ 2.931).

transición. En este sentido, hay que tener en cuenta que toda política pública cuyo horizonte sea democratización del acceso debe tener en cuenta las dificultades para comprar los trasmisores (en el caso de los medios comunitarios y los públicos) y la compra de receptores y/o set top box por parte de los sectores más pobres. De lo contrario, como dice Gómez Germano, "la promesa de ver televisión digital será para quienes tengan más dinero y puedan comprarse un aparato adecuado, reproduciendo las desigualdades existentes".

Las normas de TDT

Estados Unidos, Europa y Japón se disputan la hegemonía mundial en el cambio hacia el entorno digital a través de las normas ATSC, DVB-T e ISDBT respectivamente, respaldadas por consorcios formados por empresas de porte internacional. En el último tiempo, a la lucha entre estos tres centros de poder, vino a sumarse un nuevo jugador: China, con su propuesta DTMB (*Digital Terrestrial Multimedia Broadcasting*). Con la existencia principalmente de tres sistemas fuertes de televisión digital se asiste a una carrera neo mercantilista, como cuando el eje se situaba en el pasaje de la TV blanco y negro a la TV a color. Al igual que en aquel momento, ahora las empresas que controlan las patentes sobre los distintos sistemas en pugna, apoyadas en sus respectivos gobiernos, presionan a los distintos países para adoptar sus sistemas.

El desarrollo de las distintas normas de TV analógica color (PAL, NTSC, SECAM) provocó la fragmentación del mercado internacional de equipos y aparatos receptores. Se trató de una estrategia explícita de los gobiernos nacionales para fomentar la fabricación local de productos electrónicos y crear barreras no arancelarias a la programación extranjera.

De este modo, es claro que en el nuevo contexto del pasaje a la televisión digital, la decisión técnica esconde que lo que en realidad se juega es un problema de política industrial para el sector de equipos de transmisión y recepción así como también de una minimización de los costes de transición que deberán repartirse entre emisoras y usuarios. En consecuencia, la coordinación regional en la adopción de la norma para televisión digital se hace necesaria para mejorar la capacidad de negociación de los países frente a las empresas que controlan la tecnología y el poder de inversión en la industria de equipos y componentes (Galperín, 2003).

Por el momento, la división internacional de los mercados se despliega del siguiente modo: el estándar norteamericano para la televisión digital fue elegido por cinco países, Estados Unidos (1996); Canadá (1997); Corea del Sur (1997), Argentina (1998)[39]; México (2004) y Honduras (2007). En el caso de DVB, fue seleccionado por 112 países entre los que se cuentan los de la Unión Europea, Australia, Taiwán, Singapur, Arabia Saudita y Uruguay[40]. En cuanto a ISDB-T, fue adoptado en Japón y Brasil[41].

De modo general, se puede decir que ATSC se centra en las emisiones en alta definición, mientras que DVB, va por la interactividad y la multiprogramación e ISDB-T apuesta a la facilidad de brindar TV móvil sin costo alguno, reproduciendo en el dispositivo la TV tradicional de aire. De todas maneras, los consorcios que respaldan los estándares constantemente trabajan en modificaciones técnicas que hacen que en la actualidad todos sean capaces de las mismas prestaciones.

---

[39] Si bien el caso argentino se tratará en un apartado especial, cabe aclarar que el país fue el primero de Latinoamérica en decidir la norma para TDT. No obstante, durante el gobierno de Fernando De La Rúa se decidió poner en suspenso la decisión. Hasta el cierre de esta investigación, seguía vigente el estándar norteamericano, pues no había ninguna resolución que anulara la decisión del año 98. Sin embargo, como se comentó en las "Palabras preliminares", el 28 de agosto de 2009, la presidenta Cristina Fernández de Kirchner anunció la adopción de la norma japonesa ISDB-T, dejando fuera de vigencia la norma ATSC.

[40] Luego del cierre de la investigación, Colombia y Panamá también adoptaron la norma europea.

[41] Se trata de un desarrollo híbrido en base a la norma japonesa cuyas principales modificaciones residen en la utilización del sistema de compresión MPEG 4 en lugar del MPEG 2 y la utilización del *middleware* nacional (Ginga). Por otra parte, hay que mencionar que tras el cierre de la investigación, se sumaron a la lista de países que adoptaron ISDDB-T Argentina, Chile, Perú y Venezuela.

ATSC (*Advanced Television System*)

ATSC se formó en 1982 para coordinar el desarrollo y definir el estándar de televisión digital que adoptaría Estados Unidos. El consorcio fue impulsado por la "Gran Alianza", de la que participaban miembros de Joint Comitte on InterSociety Coordination (JCIC), Electronic Industry Association (EIA), Institute of Electrical and Electronic Engineers (IEEE), National Association of Broadcasters (NAB), National Cable Television Association (NCTA) y Society of Motion Pictures and Television Engineers (SMPTE). Actualmente, participan alrededor de 140 empresas de distintas áreas del negocio entre las que se cuentan Microsoft, Harris, Zenith Electronic Corporation, Tandberg (Ericsson), Televisa, EchoStar, DirecTV, Rhode & Schvartz, CBS, Comcast, PBS, Nokia Siemens, News Corp, NBC, ABC, LG, entre otras.

En 1987, la Comisión Federal de Comunicaciones (FCC, por sus siglas en inglés) estableció el Comité de Estudio de la norma (ACATS por Advisory Committee on Advance Television Service) para que trabaje en conjunto con ATSC.

Desde el gobierno se promovió la cooperación para buscar un sistema que permitiera mejorar la TV color con el estándar NTSC. En lugar de ir por la alta definición en analógico, en la que europeos y japoneses ya habían ganado la carrera, en 1992 se anunció la apuesta por el "todo digital". De este modo, se buscó desactivar la implantación en el mercado de los estándares de televisión analógica de alta definición para recuperar el liderazgo en la carrera tecnológica ya que, el pasaje del sistema analógico al digital supone la completa renovación del parque de aparatos receptores y el relanzamiento de diferentes ramas de la industria electrónica norteamericana, ligadas al suministro de componentes necesarios para la TV digital (STB, DVR, PVR, etc.) (Prado, 2003).

En 1996, Estados Unidos adoptó la norma ATSC bajo la sigla A/53. Entre las principales características del sistema se destaca que, en un ancho de banda de 6 Mhz, permite un *bit rate* de 19,4 Mbps posibilitando la transmisión de entre uno y dos canales en HDTV, hasta cinco en SDTV, combinaciones de HD y SD, servicios interactivos y transmisión de datos. En un comienzo, ATSC no contemplaba recepción móvil ni redes de frecuencia única pero dicha situación ha cambiado con la norma A/110 del estándar que, además, incorporó el sistema de compresión de audio Dolby E-AC3.

En 1997, la FCC estableció un cronograma de transición hacia la televisión digital por el que definió que las emisiones en digital comenzaran el 1° de mayo de 1999, aunque los *broadcasters* aceleraron el proceso y en noviembre de 1998 ya había estaciones emitiendo en digital. A su vez, se definió que el período de transición duraría nueve años. Durante el primer año, más de la mitad de la población norteamericana tendría acceso a la TV digital ya que las cuatro cadenas televisivas principales debían adecuar sus redes. Las otras estaciones comerciales tendrían tiempo hasta el primero de mayo de 2002. Todas las estaciones comerciales tendrían que estar en el aire en 5 años y las emisoras públicas tendrían un plazo de 6 años. El período *simulcast* (emisiones en analógico y digital) finalizaría en 2007. Sin embargo, el apagón analógico fue pospuesto hasta el 19 de febrero de 2009.

Parte del interés de la FCC en motivar el rápido desarrollo de la TV digital tenía que ver con la liberación de espectro para otros fines ligados a la seguridad nacional principalmente y para la telefonía móvil.

Desde 2005, ATSC viene trabajando en la solución para móviles "Mobile Pedestrian Handheld" (MPH, por sus siglas en inglés)[42], desarrollada por LG, Harris y Zenith. La solución aún está en proceso de estandarización y se prevé su salida comercial junto con el apagón analógico en EE.UU.

El desarrollo de los norteamericanos permite la transmisión de tres señales en la frecuencia de 6 MHz con una cobertura de hasta 30 Km respecto de donde se instale la planta transmisora. Se utilizan 19 Mbps de los cuales, 15 Mbps son requeridos para transmitir una señal para recepción fija en HDTV y los 4 Mbps restantes se dividen para ofrecer dos señales móviles. Además, es posible hacer las transmisiones en VHF sin tener que pasar a las bandas de UHF.

---

[42] Vale la pena hacer notar que las iniciales del desarrollo móvil de ATSC producen una confusión con la plataforma MHP (Multi Home Platform) desarrollada por el consorcio DVB para aplicaciones interactivas.

Según explicó Juan Carlos Guidobono, representante de ATSC, "la propuesta consiste en que el radiodifusor obtenga presencia móvil (tanto en celulares como movilidad vehicular) casi sin instalar celdas. *La idea es hacer la menor inversión posible para ir viendo cuál es el comportamiento de la gente frente a la TV móvil* ya que aún no hay un modelo de negocio definido. *Con US$ 100 mil, un radiodifusor puede acceder a esta herramienta de convergencia desde su propia plataforma*, lo cual es especialmente útil para las programaciones locales que, tal vez, no tienen el peso suficiente para colgar sus contenidos en la TV nacional. Incluso, *el radiodifusor adquiere más peso para negociar frente a los operadores telefónicos*. En principio, el modelo contempla la transmisión de los contenidos de TV abierta del sistema fijo. *También existe la posibilidad de incluir un modelo de pago en el cual una señal se destine a replicar la fija y la otra que tenga una cuota mensual*".[43]

Cabe destacar al menos dos cosas de la cita anterior, en primer lugar, que si bien se mencionó una suma de dinero muy pequeña para obtener presencia móvil, el rango de cobertura también es pequeño (30 Km). Ningún *broadcaster* que quiera tener cobertura nacional, o al menos en una determinada zona, podrá evitar invertir en celdas. Lo cual se relaciona con el segundo punto, que consiste en destacar aquello que fue dicho explícitamente: en primer lugar, que el nuevo modelo de radiodifusión ya no puede ser pensado sin la presencia de operadores telefónicos, que cada vez tienen más peso en una industria que hasta hace poco les era ajena. En segundo lugar, que la apuesta a la presencia móvil no es nada azarosa y se plantea al negocio como una suerte de creación *ex nihilo* en el sentido de que con la excusa de la incertidumbre del rumbo del negocio, se pretende ganancia asegurada con cero inversión. Esto demuestra en forma patente lo que se mencionaba al comienzo del capítulo respecto de la elección de la norma de TDT como objeto de política económica industrial concertada entre el gobierno y presiones por parte de grupos de poder donde las *telcos* van adquiriendo un papel protagónico.

---

[43] Entrevista a Juan Carlos Guidobono, representante ATSC Forum. 1° de noviembre 2007.

DVB (*Digital Video Broadcasting*)

Entre 1991 y 1993, un grupo de radiodifusores, fabricantes de componentes de electrónica, empresas de telecomunicaciones y organismos reguladores de los distintos países de Europa, entre otros, crearon un foro para promover el desarrollo de la TV digital en respuesta a la ofensiva norteamericana. En septiembre de 1993 se firmó el Protocolo de Acuerdo (MoU, por sus siglas en inglés referidas a Memorandum of Understunging) que establecía las bases del proyecto DVB, cuyo objetivo era el establecimiento de un único estándar común europeo.

La organización cuenta con el respaldo de más de 300 compañías como Alcatel-Lucent, Amino, Cisco, Eutelsat, France Telecom, Telecom Italia, Telefónica, Gilat Satellite Networks, Hispasat, RTVE, BBC, Verimatrix, Vodaphone, Disney, Vodafone, Nokia Siemens, entre otras.

En 1997, el grupo desarrolló la primera versión de una familia de estándares que permitieran la transmisión de TV digital por distintos soportes: DVB-S (satélite); DBV-C (Cable); DVB-T (terrestre); DVB-H (terrestre para terminales móviles) y, más recientemente, se sumó la versión DVB-SH[44], así como también DVB-T2.

En lo que respecta a DVB-T, a diferencia del estándar norteamericano que buscó de pleno la alta definición, se privilegió la transmisión en calidad estándar para permitir la multiprogramación (aunque la norma también permite HDTV), por considerarla adecuada para garantizar el acceso a la sociedad de la información. DVB-T utiliza la modulación OFDM (Orthogonal Frecuency Division Multiplex) que permite manejar condiciones climáticas adversas. Otra de sus características es que puede operar en canales de 6,7 u 8 Mhz; permite transporte de velocidades desde 5 a 31 Mbps en 8 Mhz y 14,9 Mbps en 6 Mhz. Incluso, la

---

[44] Fue aprobada por la Unión Europea en 2007. Mejora el ecosistema de DVB-H permitiendo una combinación del estándar móvil con el satelital. De este modo, brinda más posibilidades en el uso del espectro porque habilita el empleo de VHF o UHF. A su vez, se puede dar TV extendiendo la banda hasta 3 Ghz, empleando banda S. Fuente: Presentación de Pablo Torres, Director de Desarrollo de Negocios de Alcatel-Lucent, en el evento de Móviles 2008 Cono Sur 5° Edición, organizado por Grupo Convergencia.

organización trabajó en el desarrollo de *Multimedia Home Platform* (MHP) para permitir aplicaciones interactivas como el comercio electrónico, telebanca, correo electrónico, funcionalidades de acceso condicional, pago por visión y *Electronic Program Guide* (EPG), que permite conocer la programación disponible. Otra de las prestaciones posibles con DVB-T con la que busca una ventaja respecto de sus competidores (ATSC e ISDBT) reside en la movilidad, ya que permite la recepción de la TV en vehículos en movimiento hasta 80 km por hora. Superada esta velocidad es necesario recurrir a DVB-H que, en realidad, fue pensada principalmente, para la transmisión de contenidos audiovisuales en los teléfonos celulares.

Para brindar movilidad vehicular, el consorcio europeo propone un sistema de frecuencia única (se usa una sola frecuencia para cubrir todo el país) que se combinan con la presencia de antenas "diversity" en distintos puntos (brindan cobertura de 40 km) por las cuales el receptor elije automáticamente entre dos o cuatro antenas para reducir el error en la transmisión. Con un bit rate de 14,9 Mbps, DVB-T soporta de tres señales audiovisuales y una interactiva, que puede desplegarse en toda la pantalla o como un cuadro que, si bien presenta un material diferente, se transmite en simultáneo con la programación elegida. En lo que respecta a las tres señales audiovisuales, es posible la transmisión de una en HDTV con compresión en MPEG-4 y otras dos con MPEG-2.[45]

Desde 2005, el consorcio DVB está abocado al diseño de DVB-T2, para satisfacer los requerimientos de los países una vez que completen el apagón analógico. Particularmente en el caso del Reino Unido, en 2007 la Ofcom anunció que prevé cambiar el modelo técnico actual de emisiones basado en DVB-T por DVB-T2 para brindar alta definición a través de Freeview (la señal estatal que desde 2002 impulsa el desarrollo de la TDT en el país) a partir de 2009. Desde la perspectiva del regulador, el pasaje de una norma técnica a otra responde a la necesidad de ofrecer "mejores productos" en lugar de ampliar la explotación del espectro radioeléctrico.

---

[45] Demostración en CAPER Show 2007 (31 de octubre-2 de noviembre 2007)

El anuncio levantó señales de alarma entre los gobiernos que aún no decidieron la norma de TDT y, al mismo tiempo, brindó un argumento a sus "contrincantes" ya que se comenzó a difundir que los cambios en la tecnología llevarían a la incompatibilidad de los equipos instalados en los hogares, obligando a realizar una nueva reposición de aparatos. Eladio Gutiérrez, presidente de "Impulsa TDT" y Director de RTVE Digital, asegura que la medida apunta a balancear la ecuación entre canales y cobertura. "En el caso británico, luego del apagón analógico (fijado para el 2012), se van a retirar de servicio los canales del 21 al 69 en UHF. La idea es usar esas frecuencias liberadas para el servicio de telefonía móvil. De este modo, habrá 30% más de capacidad disponible para los canales que quedan, debido a que habrá menos frecuencias para TV, en consecuencia, la idea es poder hacer más cosas con las frecuencias que sigan siendo usadas".[46]

ISDB-T

El 15 de mayo de 1995, el Ministerio de Correos y Telecomunicaciones de Japón estableció la Asociación de Industrias y Negocios de Radio (ARIB por sus siglas en inglés) como una organización de servicio público. En septiembre de 1997, con la creación de Digital Broadcasting Experts group (DiBEG), ambas entidades comenzaron a trabajar en el desarrollo del estándar ISDB-T. Entre las empresas que respaldan la norma se encuentran Fuji Television Network, Hitachi, Japan Broadcasting Corporation (NHK), NEC, Sanyo, Toshiba, Panasonic, Sony, Sharp, entre otras.

La norma fue diseñada para llegar a todos los rincones del área de cobertura, incluso aquellas de mayor complejidad geográfica. Para cubrir el territorio de Japón, que es un archipiélago con regiones montañosas y zonas de difícil acceso, se utiliza la modulación OFDM dividida en 13 segmentos, uno de los cuales se reserva para las transmisiones de TV móvil, de ahí el nombre "One-Seg". El sistema ISDB-T (para TV fija) permite *multicasting* de hasta ocho programas por señal. La tecnología

---

[46] Entrevista a Eladio Gutiérrez, director de RTVE Digital (España) en CAPER Show 2007.

permite que se puedan ofrecer programas de HDTV ocupando casi todo el ancho de banda o varios programas en calidad estándar.

A través del "Plan Estratégico", el gobierno japonés determinó que el fin de las emisiones en analógico sería en 2011 y que, para proporcionar valor agregado a la audiencia, 50% de los contenidos se transmitiría en HDTV.

Japón comenzó a operar el servicio de TDT en diciembre de 2003 en las tres ciudades más importantes: Tokio, Nagoya y Osaka. Ya en 2006, el servicio tenía cobertura completa en el país y fue a partir de ese momento que se decidió que se podía salir a ofrecer la norma fuera del país, por eso comenzaron a realizar pruebas en diferentes países de Latinoamérica. Entre 2003 y 2007 se distribuyeron doce millones de televisores fijos, de los cuales 94% fueron de pantalla plana (entre Plasma y LCD).[47]

El servicio de TV móvil *One-Seg* comenzó en abril de 2006, aunque los primeros aparatos salieron en 2005. Durante 2006, se vendieron más de cinco millones de celulares con *One Seg* en el país y en el 2007 se superó la barrera de los diez millones. Mensualmente, se distribuyen más de un millón de aparatos y el costo del sintonizador para TV móvil ronda los sesenta dolares.

NHK es la televisora pública que canaliza casi en su totalidad los servicios de TV móvil en Japón dado que se promueve un modelo por el cual se reproducen en el móvil los contenidos de la TV fija abierta bajo la premisa de que el estándar promueve la consecución de objetivos de inclusión social y la consolidación del principio de igualdad de oportunidades de acceso.

Eiji Roppongi, representante en Sudamérica de DiBEG (Digital Broadcasting Expert Group), manifestó que "cualquier ciudadano puede acceder al servicio comprando un teléfono celular. Al transmitir programas de TV abierta, se garantiza la masividad sin un costo para

---

[47] Presentación Eiji Poppongi, representante en Sudamérica de DiBEG, " ISDB-T internacional. Aporte para la democratización de informaciones". En la Clase Abierta sobre TV digital ISDB-T realizada el 22 de junio de 2007 en la Universidad de Palermo (UP) Organizado por la Facultad de Ingeniería de UP; Comisión Interna sobre TV digital (COPITEC); Comisión CEyTIC (CAI).

el usuario ya que el servicio se financiará al ser incluido entre los que ofrecen los canales de TV [...]. Si se elige otra norma que no sea ISDBT, la población tiene que olvidarse de la implementación de la TV abierta masiva y gratuita en los celulares. Tendrán que pagar US$ 1000 para un aparato más un abono de € 10 para ver TV que es lo que cuesta en Europa [...] Los operadores de telecomunicaciones plantean un modelo pago porque tienen que hacer inversiones para convertir sus redes. En cambio, en nuestra propuesta, al ser TV abierta, el tiempo de visionado no se factura como costo de llamado sino que es un servicio adicional del teléfono, como cuando uno compra un celular que tiene una cámara de fotos y no te cobran su uso. De todos modos, la tecnología de ISDB-T también permite la inclusión de ofertas de pago si se quisieran desarrollar"[48].

De lo anterior surgen algunas observaciones. Al igual que en el caso de ATSC, la plataforma que en primera instancia postula un modelo para radiodifusores, enseguida deja la puerta abierta para las asociaciones con operadores de telefonía que imprimirán al servicio un pago.

Además, con o sin la intermediación de las telcos, la oferta de TV móvil resulta exitosa en Japón donde hay un alto nivel de ingreso de la población y bajos costos de la tecnología necesaria. Esta misma salvedad podría aplicarse también a lo comentado respecto de ATSC.

Por el contrario, en Latinoamérica, si bien la penetración de celulares está creciendo, el porcentaje de pre pago supera a la oferta post pago y la existencia de terminales 3G (suponiendo un modelo dominado por telcos en lugar de transmisiones con redes de *broadcast*) es aún incipiente. En el caso de Brasil, que ya está haciendo transmisiones en base a la norma japonesa, la TV móvil aún no comenzó. Por el momento, el país afronta el gran desafío de producir terminales de precio accesible tanto para la TV "tradicional" como para el móvil.[49]

Considerando 25 países de Latinoamérica y Caribe, a fin de 2007, se registraron 376,6 millones de usuarios de telefonía móvil sobre una población de 571,2 millones. De este modo, se observa una teledensidad de 65,9% (Trinidad & Tobago encabeza la lista con una teledensidad

---

[48] Entrevista a Eiji Roppongi, representante en Sudamérica de DiBeg. Julio 2007

[49] Se profundizará más el tema en el apartado dedicado a Latinoamérica.

de 129,5% y Cuba se ubica en el último lugar con 1,8%). De dicho total, los porcentajes de utilización de telefonía móvil en prepago son: Argentina 91%; Brasil 80%; Chile 79%; Colombia 83%; Venezuela 51%; México 93%, sólo por mencionar algunos países. En lo que respecta a la cantidad de usuarios de Banda Ancha Móvil, se estiman 1,2 millones al 31 de marzo de 2008. Si bien este dato no da cuenta de la cantidad de aparatos 3G, resulta útil porque da una idea de la cantidad de usuarios que están en condiciones de recibir TV móvil ya que una precondición para el servicio es contar con banda ancha para poder hacer el *streaming* de datos.[50]

DTMB (*Digital Terrestrial Multimedia Broadcast*)

La decisión de incluir la norma china en esta apartado radica en la notoriedad que comenzó a tomar en el último tiempo, al convertirse en objeto de estudio por parte de algunos países de Latinoamérica como Colombia y Venezuela, previo a tomar una decisión sobre el estándar con el que transmitirán en digital. De todas maneras, parece poco probable que cualquiera de ellos se vuelque por esta opción, sino que más bien podría tratarse de una forma de ejercer presión política y dilatar la toma de decisión.

Más allá de las características técnicas de DTMB, la principal amenaza de este sistema, frente al resto, es su potencial en cuanto a cuota de mercado que representaría si trasciende las fronteras de su país de origen. Sólo en China hay más de 1.300 millones de habitantes y, dado que el estándar sólo ha sido adoptado oficialmente allí, por el momento, el porcentaje de población mundial cubierta por el estándar representa 20%. Bastante más que ATSC que cuenta con 7,6% e ISDBT, con 2% (que llega a 4,8% si se tiene en cuenta la participación de Brasil con 2,8%).[51] Por su parte, DVB-T representa 53, 5% de la población, más del doble que China, pero hay

---

[50] Datos proporcionados por GSMA.

[51] Presentación de Eladio Gutiérrez, director de RTVE Digital (España). "La televisión digital terrestre en Latinoamérica", en AndinaLink 2008. Cartagena de Indias (Colombia). 26-28 de Febrero 2008.

que tener en cuenta que fue adoptado por 112 países mientras que DTMB, sólo por uno.

Con los aportes de la Universidad Jiaotong en Shanghai y la Universidad Tsinghua en Beijing, la norma china fue definida en 2006 y recibió la aprobación final de la República Popular China en agosto de 2007. El 31 de diciembre del mismo año comenzaron las transmisiones oficiales en Hong Kong por parte de Asia Television Limited (ATV) y Television Broadcast Limited (TVB). Previo a la definición, las televisoras habían dicho que si el gobierno no adoptaba una norma en 2006, ellas comenzarían a operar con DVB-T. Se prevé que para fin del 2008, el 75% de la población reciba TV digital. A su vez, también se contemplan ofertas de programación en HDTV. De hecho, las Olimpiadas Beijing 2008 serán transmitidas dentro de China y Hong Kong en dicha calidad y con sonido Dolby Digital 5.1.

DTMB incluye aportes de la normas ATSC y DVB-T. Una de sus ventajas respecto de la norma europea es que tiene un alcance 10 Km mayor y es capaz de transmitir HDTV en vehículos en movimiento a velocidades de hasta 200 Km/h (DVB-T llega a 80 km/h). También permite la transmisión de varios canales por una misma frecuencia. Al igual que los otros estándares incluye soporte para dispositivos móviles, como celulares y reproductores multimedia.

El sistema no define normas de compresión, entonces queda a criterio del radiodifusor si utilizará MPEG-4 y MPEG-2 de acuerdo al *target* que decida apuntar. En consecuencia, la posibilidad de usar uno u otro hace que los receptores deban ser capaces de descifrar múltiples formatos, lo que los haría más caros.

Críticas cruzadas

A continuación se dará cuenta de las principales objeciones señaladas por los representantes de los diferentes estándares frente a los sistemas de sus "contrincantes".

DVB

El consorcio europeo lleva adelante una competencia agresiva en la que no duda en descalificar públicamente a sus oponentes. Entre las falencias adjudicadas a **ATSC** se pueden mencionar:

- ATSC no es una norma abierta porque está controlada por un solo país.

- Su modelo fracasó incluso en su país de origen (EE.UU.) donde sólo 1% de la población usa sintonizadores ATSC. De la población, 90% accede a TV por cable, satélite o IPTV y el resto depende de la TV de aire.

- Dado que el apagón analógico llegará en febrero de 2009, no podrán desarrollar una industria competitiva de *Set top boxes* (STB) porque la mayoría estarán integrados en las pantallas de alta definición (con un alto costo).

- El gobierno garantiza el subsidio de STB hasta el "apagón". Luego se extinguirá la industria de decodificadores si no hay mercados nuevos para sustentarla.

- No tiene presencia móvil (esto está por cambiar con el desarrollo de MPH).

- Falta de compatibilidad con GSM, lo que encarecerá la fabricación de dispositivos para TV móvil.

  Las críticas hacia **ISDBT** pasan por:

- Imposibilidad de lograr economía de escala con GSM para brindar TV móvil.

- Japón es un país con altos ingresos en el que el desarrollo de la TV digital no depende de conversores porque todos compran plasmas. Entonces no podrá brindar soluciones accesibles al público en Latinoamérica.

- Los conversores baratos son escasos y de marcas desconocidas.

- Es probable que dejen de vender STB luego del apagón en 2011.

En lo que respecta a ATSC, su foco de objeciones se dirige hacia DVB:

- ATSC critica a DVB por el desarrollo de DVB-T 2, aduciendo que será necesario un nuevo recambio de aparatos.

- Tanto en el caso de DVB como ISDBT, el consorcio norteamericano considera que para dar TV móvil su modelo exige inversiones a los operadores en algo que aún no se sabe si funcionará.

Por último, las críticas esbozadas por ISDB-T se dirigen a defenderse de los ataques de DVB:

- ISDB-T considera que el estándar europeo no promueve la inclusión social al postular un esquema de TV móvil pago (mediante DVB-H). Además, cree que de ese modo reduce su plataforma de negocio porque sólo piensa en un segmento.

- Desde la perspectiva de ISDB-T, la economía de escala no depende de la norma que se elija ya que el costo del sintonizador de los TV integrados ronda entre 1% y 5% del precio final y la parte correspondiente a los estándares representa entre 0,5% y 2,25% del mismo. Además, la participación de la industria japonesa en la fabricación de pantallas planas en el mundo, incluyendo Europa y Estados Unidos, representa 50%.

Modelos de negocio de TV móvil

La posibilidad de recepción en dispositivos móviles se presenta como un factor casi determinante en los distintos países a la hora de elegir la norma. Esta posibilidad abre diferentes modelos de negocio nuevos en el desarrollo de la TV. En principio, la disyuntiva básica que se plantea es si realizar o no alianza con los operadores de telecomunicaciones. A nivel mundial, las compañías de telefonía celular tienen importante participación y su injerencia en el mercado de contenidos supone, consecuentemente, un cambio en la modalidad de financiamiento de la radiodifusión (publicidad), modificando su naturaleza. De este modo, se produce una amalgama entre el financiamiento por pago mensual propio de la TV paga, con el pago por uso, propio del sector de las telecomunicaciones.

Cabe notar que, tal como se mencionó anteriormente, las tres normas (ATSC, DVB e ISDBT) suponen un servicio gratuito y masivo de transmisión de los contenidos de la TV abierta. No obstante, todas contemplan la posibilidad de ofrecer servicios pagos mediante sus tecnologías, tanto en TV fija como móvil.

En consecuencia, se observa que el "verdadero" negocio que se busca promover para consolidar el servicio de TV móvil implica una relación mercantil directa a través de un sistema de pago, que además es vehiculizado a través de un agente históricamente ajeno al sector: los operadores de telecomunicaciones.

La lucha por liderar las ofertas de TV móvil de pago trascienden las fronteras de la discusión sobre TDT, aunque la roza muy de cerca. Así, en este particular terreno, a las propuestas de ATSC con MPH e ISDBT, se suman DVB-H y MediaFLO, estándar creado por Qualcomm exclusivamente para TV móvil. De modo sintético, DVB-H propone 25 canales en 6 Mhz, mientras que MediaFLO soporta hasta 24 en dicho ancho de banda o diferentes combinaciones con audio y datos. Con el desarrollo de su chip Universal Broadcast Modem, Qualcomm trata de demostrar que su sistema permite interoperabilidad con cualquiera de las normas terrestres (ATSC, DVB-T o ISDBT). En el caso de ISDB-T, si el operador decidiera brindar canales de TV paga, tendría que fragmentar la única señal, destinando un tiempo para el contenido pago y otro para el gratuito. En cambio, ATSC podría destinar uno de sus canales a reproducir los contenidos de la TV abierta y el otro, a una oferta paga.

Además de la decisión del estándar, uno de los debates que se plantean en torno a la TV móvil reside en qué redes se usarán para brindar el servicio: Unicast, Multicast/MBMS o Broadcast. En primera instancia, la opción más racional parece ser la Unicast debido a que los operadores ya están migrando a 3G, con la tecnología UMTS/HSDPA. Sin embargo, una desventaja de un servicio que comparte los recursos de la telefonía móvil (Unicast) es que le quita espacio a las comunicaciones de voz o a la transferencia de datos. Además, en este punto se presenta el desafío para los estándares norteamericanos y japonés de lograr escala en la fabricación de equipos, teniendo en cuenta que la industria celular se desarrolló en torno a GSM.

Otro de los modelos que se baraja (Multicast/MBMS) implica la existencia de un canal dedicado para la difusión de contenidos que permite aliviar la red móvil. La implementación de MBMS requiere menos infraestructura que la Unicast pero, como contrapartida, permite menos canales que otras tecnologías ya que, por ejemplo, con Broadcast en 6 MHz se pueden ofrecer en promedio unos 20 canales mientras que con MBMS, sólo 6.[52]

La decisión sobre el tipo de redes está emparentada a que hay que tener en cuenta que para brindar TV móvil será necesario reservar espectro y esa decisión tiene que ver con cada gobierno.

---

[52] Bizberge, A.(2007) "MediaFLO y DVB-H lideran la carrera por la TV móvil en Latinoamérica", en Anuario Latinoamericano Celulares 2007 "3G y nuevos servicios" de Convergencialatina.

Tendencias regulatorias internacionales de la TDT

En este apartado se hará un breve recorrido sobre las características de la regulación de TDT en Estados Unidos y la Unión Europea. El objetivo es poder dar cuenta someramente de las tendencias generales dominantes en la materia.

Bustamante (2003) define a las políticas culturales y de comunicación como "las acciones y omisiones de las instancias estatales de todo tipo que, de acuerdo a las concepciones y legitimaciones de cada sociedad y cada tiempo histórico, determinan u orientan los destinos de la creación, producción, difusión y consumo de productos culturales y comunicativos".[53]

El autor distingue tres roles del Estado: el Estado-Gestor de la producción y difusión de productos culturales y comunicativos; el Estado Incitador de las actividades del mercado o de la sociedad civil tanto a través de ayudas directas e indirectas con dinero, como también por su rol de creador de representaciones sociales que ayudan a crear demanda. Por último, menciona el Estado Regulador, que fija las condiciones de actuación de los agentes sociales.

Bustamante advierte que desde la década de 1970, el Estado se ha ido retirando de su papel de gestor, para aparecer como un actor más en competencia en el mercado o simplemente para desenvolverse en el papel de árbitro o de plataforma de fomento del consumo. Las acciones del Estado tienden a abrir caminos a la mercantilización

---

[53] Bustamante, E. (Coord.); *Hacia un nuevo sistema mundial de comunicación. Las industrias culturales en la era digital.* Gedisa, primera edición, febrero 2003, Barcelona, p. 34.

de la cultura. Con el crecimiento del peso económico de las industrias culturales y su papel puntero en la generación de empleo, muchas de las acciones de política cultural y comunicativa se tiñen de política económica industrial. De esta forma, el peso específico de la intervención, se va desplazando de la creación y producción, a la venta. Así, se observa el cambio desde un pluralismo comunicativo garantizado a priori a través de regulaciones "anti trust", a una "diversidad" mercantil asegurada *ex post*, caso por caso, cuando se demuestre un abuso de su posición dominante contra la competencia.

En el mismo sentido, Van Cuilenburg y Mc Quail (2003), señalan que desde 1980 se advierte un paradigma emergente de política de medios y comunicaciones dirigido a una lógica económica y tecnológica, aunque conserva ciertos elementos normativos de la fase anterior (1945/1980-1990), cuando las políticas eran expresión institucional de los valores de libertad, igualdad y solidaridad. El campo de la comunicación dejó de ser visto principalmente como un área propicia para las políticas de bienestar colectivo. El interés público está siendo re definido para abarcar valores económicos y consumistas, dicen los autores. Existe un deseo político de incorporar a la mayor cantidad de población al alcance de los nuevos servicios de comunicación, pero las razones tienen más que ver con el comercio y control, que con la igualdad social como un fin valorado en sí mismo.

Así, se advierte un cambio de paradigma que es menos producto de la convergencia de las infraestructuras y servicios comunicacionales, que de las ambiciones de las corporaciones de medios y los gobiernos para beneficiarse de las oportunidades económicas que ofrecen las tecnologías.

Si bien la globalización de la comunicación lleva a la permeabilidad de medios internacionales en ámbitos nacionales, no se redujo significativamente el rol de las políticas nacionales de comunicación ya que los gobiernos nacionales, junto con las corporaciones nacionales e internacionales, son los principales actores en la arena política. Las corporaciones buscan desarrollar nuevos mercados internacionales, expandir y fusionarse cruzando las viejas barreras regulatorias. Por su parte, los gobiernos están retrocediendo en la regulación donde interfiere con el desarrollo del mercado, dándole mayor prioridad a la economía sobre el bienestar sociocultural.

Refiriéndose a las políticas de TDT en Estados Unidos y Europa, Hernán Galperín (2004) manifiesta que a partir de mediados de los años 1980, en ambos se asiste a un fenómeno que él denomina *"la paradoja de la televisión"*. El mismo apunta a que en el momento en que se relajaba la regulación del sector de radiodifusión, el proceso político (los gobiernos) más que el mercado, tomaba decisiones críticas sobre el estándar de TV digital, indicando fechas de migración e introducción de equipamiento. "Si bien esta transformación fue afrontada económicamente por los privados, los gobiernos emprendieron acciones para fomentar la participación de los actores del mercado. Por ejemplo, proveyeron fondos para iniciativas de investigación y desarrollo en la compresión de video digital, displays de alta definición, etc. También utilizaron su poder para alinear a los medios públicos a los planes del gobierno, incluso, se otorgaron exenciones impositivas para que los privados ofrecieran servicios digitales. Implementaron políticas de flexibilización del espectro a cambio de planes de inversión. En algunos casos, emitieron legislaciones específicas para fijar el fin de las transmisiones analógicas".[54]

Galperín señala tres fuerzas político-económicas que animaron a los gobiernos a incentivar el desarrollo de la televisión digital:

- La caída del sector de la industria de consumo de EE.UU. y UE y el crecimiento asociado del déficit de estas naciones con Japón y con los nuevos países industrializados de Asia (Singapur, Hong Kong, Korea del Sur y Taiwán).

- La difusión internacional de la agenda pública de la revolución de la información, lo cual guió a iniciativas que estimularan el desarrollo de redes y servicios digitales de comunicación.

- El achicamiento del espectro motivado por el crecimiento de la telefonía celular y otros servicios de comunicación inalámbrica desde comienzos de los años 1980 que forzaron a los gestores de políticas

---

[54] Galperín, H. (2004); *New Televsion, Old Politics. The transition to Digital TV in the United States and Britain.* Cambridge University Press.

públicas a repensar el régimen de espectro existente y encontrar formas de acomodar la creciente demanda.

Unión Europea

Trinidad García Leiva (2006) señala que, en el marco de la política audiovisual europea, la TV digital comienza a ser objeto de políticas en la década del noventa, montada sobre una serie de cuestiones técnicas e industriales. Como antecedente más inmediato, identifica la Directiva de Televisión Sin Fronteras (DTVSF), sancionada en 1989, que entiende a la televisión como un instrumento político-cultural que permitirá que los contenidos europeos circulen por un mercado unificado para alentar la construcción de una identidad común entre los espectadores. Esta medida forma parte de un período en el que se desarrolla una perspectiva política de corte económico cultural, en la que la unidad europea pretende conjugarse con la diversidad.

Leiva explica que, a partir de 1993, la política audiovisual europea asiste al período de la Sociedad de la Información (SI) y la Convergencia en la que prima una perspectiva económico industrial, por la que se instaura una corriente desreguladora. Así, de ahí en adelante, las directrices que animarán las políticas de TDT serán la liberalización, polarización y subordinación (en éste último caso, tanto a la política audiovisual europea de modo general como al mercado de las telecomunicaciones).

En 2002, a partir de la adopción del "paquete de telecomunicaciones"[55], bajo el argumento de favorecer la convergencia, las políticas de televisión quedan bajo la lógica liberalizadora de las telecomunicaciones. Por su parte, el Plan de Acción eEurope 2005 (CE, 2002b), en el marco de los objetivos de la SI, asociará a la televisión digital a la noción de "plataformas abiertas destinadas a lograr un amplio acceso a la banda ancha". De este modo, en base a la neutralidad tecnológica garantizada por

---

[55] Regulación sobre comunicaciones electrónicas compuesta por la Directiva 2002/21/ CE; la Directiva de autorización 2002/20/CE; Directiva de Servicio Universal 2002/22/CE y Decisión de Acceso e Interconexión 2002/19/CE; Directiva de privacidad 2002/58/CE y Decisión Espectro Radioeléctrico 676/2002/CE.

una perspectiva multiplataformas y multiservicios, y la horizontalidad normativa, la TDT toma un rol subsidiario como una plataforma entre muchas otras en competencia (especialmente, redes 3G) para permitir el acceso a los usuarios (ya no ciudadanos) a las TICs para lograr que Europa se convierta en la región más competitiva en 2010. Al mismo tiempo, se consagra un tratamiento dividido entre los aspectos técnicos y los contenidos dando lugar a una política polarizada.

Trinidad García Leiva hace notar que se piensa la TDT en base a motivaciones económicas –alejadas de la noción de servicio público– y su importancia reside en la posibilidad de liberar espectro, entre otras funciones que se le asignan. La autora advierte que la postura de la Unión Europea a la hora de intervenir en el proceso de migración de las redes terrestres se circunscribió a actuar mínimamente. Da cuenta de ello el Plan de Acción eEuropa 2005 (CE, 2002b) por el cual se solicitó a los Estados miembros de la Comunidad Europea que publicaran sus planes de migración y fechas de apagón analógico para fines de 2003. O en el caso de la Comunicación sobre la transición a la radiodifusión digital (CE, 2003b), en la que se habla sobre qué acercamiento se debe tomar en el proceso de migración y cómo reutilizar el espectro destinado a la TV analógica, las recomendaciones pasan por evitar trabas políticas para actuar con transparencia y tomar medidas tecnológicamente neutras para evitar discriminaciones. Si existiera alguna intervención, debe circunscribirse al nivel nacional para que se proporcionen los incentivos necesarios para que los consumidores migren voluntariamente a la TV digital, sin subsidios, asumiendo los costos.

En síntesis, el posicionamiento de la UE frente a la TDT supone un tratamiento normativo minimalista y casi exclusivamente técnico y económico. Lo primero, se fundamenta en un paquete de comunicaciones electrónicas heredero de la liberalización de las telecomunicaciones. Con respecto a lo segundo, se sustenta mediante la aplicación de los principios generales de la competencia, del libre mercado, a todos los sectores de negocio, con el objetivo de promover un mercado único europeo para el sector audiovisual. A su vez, dado que los contenidos que lleva la TDT son tratados en forma separada de las redes, se observa que se priorizan las actuaciones a favor de éstas, mientras que aquellos fueron tratados bajo la lógica analógica de la vieja Directiva TVSF. Si bien el 11 de diciembre de 2007 dicha normativa se modificó bajo el nombre de "Directiva de servicios de medios audiovisuales" (2007/65, CE) para adaptarla al contexto de convergencia tecnológica, se observa que no escapa a los lineamientos esbozados hasta aquí.

En primer lugar, hay que notar que la Directiva refiere solamente a los contenidos, manteniendo el "divorcio" de las redes. La innovación radica en el ámbito de aplicación ya que la normativa cubre a los servicios lineales (televisión tradicional, Internet y telefonía móvil, que los telespectadores reciben "pasivamente") e incluye a los servicios "no lineales" (ligado a los contenidos bajo demanda que suponen mayor actividad por parte del telespectador). En éste último caso, se imponen normas mínimas sólo referidas a la protección de menores, prevención del odio racial y prohibición de la publicidad encubierta. La premisa de intervención mínima en pos del mercado también se advierte en el preámbulo cuando se define a los servicios de comunicación audiovisual en su carácter cultural y económico y se asigna a los Estados un rol de garante de las "libertades" (de información, de opinión, pluralismo de comunicación, etc.) y de la competencia. En este sentido, se reafirma el compromiso con el fomento de la diversidad cultural a través del establecimiento de cuotas de contenido (sin establecer ningún porcentaje) que quedan a criterio de los Estados para favorecer las producciones europeas, "siempre que ello sea posible".[56] La Directiva flexibiliza las normas relativas a la publicidad y fomenta la "autorregulación" y "corregulación", de modo que se deja al mercado el desarrollo de un modelo de negocio. Se permite una interrupción publicitaria cada 30 minutos, mientras que antes era cada 45 minutos. Además, se suprime el límite de tres horas diarias de publicidad y se manifiesta que la proporción de publicidad y televenta no puede superar 20% en una hora. La Directiva permite que los organismos de radiodifusión elijan el momento más apropiado para insertar mensajes publicitarios en sus emisiones.

---

[56] Puntos 3, 7, 48 del preámbulo de la Directiva de servicios de medios audiovisuales.

Se autoriza la "colocación de productos" (*Product placement*), que hace referencia a la utilización explícita de un producto con una marca por parte de los personajes de una serie o película. No obstante, se prohíbe en programas de información, documentales y programas infantiles.

En base a una política polarizada, que entiende que la lógica de las redes puede regularse sin conexión con el contenido que transportan, el acento en la digitalización de redes terrestres está puesto en los nuevos servicios de valor agregado que se puedan vehiculizar, en detrimento de la creación de contenidos audiovisuales novedosos y originales; y en el espectro que pueda liberar mediante la actualización pertinente de sus infraestructuras, en beneficio de los operadores existentes o de las redes en competencia.

De forma implícita, se advierte que la TDT no ocupa un lugar central en las políticas europeas más que a la hora de liberar espectro. Lejos de apostar a la digitalización de la televisión abierta y generalista, cuasi universal en toda la Unión Europea, se impulsan otras opciones técnicas individualistas (3G, por ejemplo), que requieren una alfabetización digital mínima y se sustentan en la lógica de pago.

Cabe destacar que, en las primeras experiencias de TDT en la UE estuvieron en manos privadas y se favoreció el modelo de pago, heredado de la lógica de pago por consumo de redes. La idea era que el mercado decidiera su modelo de negocio y se limitara al máximo la inversión pública en nombre de la competencia. Lo anterior se sostenía bajo la premisa esbozada en la norma referida al desarrollo del mercado de TV digital terrestre (CE, 1999b) que sostenía que la introducción de dicha modalidad aumentaría la oferta de servicios gratuitos así como también los de pago, de modo que se establecería una estructura horizontal de mercado de masas. No obstante, las experiencias pagas de TDT fracasaron[57] debido a la incapacidad del mercado para financiar otra opción

---

[57] Son ejemplos del fracaso de las primeras ofertas de TDT privadas la experiencia de OnDigital en el caso británico y QuieroTV en España, que terminó por quebrar. Con respecto al primero, ante su fracaso a pocos años de su lanzamiento, fue la BBC (sistema público) con la propuesta de Freeview la que salió a fomentar el despliegue de la TDT.

de redes sustentada en el abono y en la publicidad existente. Además, a lo anterior se sumó el poco atractivo que generó la oferta para los espectadores, la canibalización por parte de los otros soportes y la falta de coordinación entre los actores.

En la comunicación sobre la transición de la radiodifusión analógica a digital (CE, 2003b) la Comisión admite que no se logrará una penetración generalizada de TDT mediante ofertas pagas exclusivamente, por lo que señala que el desafío reside en crear mercados horizontales, serán los consumidores los que asuman íntegramente los costos y no los receptores de TDT no subvencionados.

La visión europea dominante presenta a la TDT como una plataforma abierta que, de este modo, es una de las vías para la creación de un mercado unificado de servicios televisivos digitales. En la Conferencia Política Europea de Televisión Digital Terrestre (ANACOM, 2000), se concluyó que los principios generales de la competencia deben aplicarse a todos los sectores de negocio bajo la perspectiva de promover un mercado único europeo para el sector audiovisual. Al respecto, Leiva señala que el principal problema para que esto suceda es que haya interoperabilidad, la cual no se ha logrado. Por otra parte, indica que una de las consecuencias de contar con un mercado unificado fue omitir el desenvolvimiento local de la TDT. A su vez, la UE terminó por absorber progresivamente instancias de decisión históricamente reservadas al plano nacional. En tercer lugar, se puede mencionar que la TDT quedó enmarcada en la carrera mundial por la supremacía económica y tecnológica liderada por Estados Unidos y Japón, cuya manifestación más notoria es la "guerra de estándares".

Si la política de televisión digital europea fue funcional para que se extendiera el poder de los grandes grupos de comunicación al ámbito digital, ello explica que controlen y condicionen el futuro de la TDT. Así, queda excluida la posibilidad de la entrada de nuevos actores.

Según "Impulsa TDT"[58], el panorama de la digitalización de redes terrestres en Europa puede sintetizarse tomando en consideración a

---

[58] Asociación para la implantación y el desarrollo de la TDT en España: http://www.impulsatdt.es/home/observatorio/indicadores

los cinco países del continente: Reino Unido, que comenzó sus transmisiones en 1998 y prevé el apagón analógico para 2012; Alemania que arrancó en 2003 y hará el *switch off* en 2010; Italia (2004-2012); España (2005-2010) y Francia (2005-2011).

Si bien las cifras provistas por el organismo no toman el mismo período de referencia, sirven para dar cuenta de la evolución del servicio. Así, la penetración de TDT en hogares en el Reino Unido es de 59,7% sobre 25,6 millones de hogares según datos de diciembre de 2007. Le siguen España (2008) y Francia (2008) con una penetración de 37% cada una en base 15,9 millones de hogares, en el primer caso y 22,1 millones, en el segundo. Por su parte, en Italia, en marzo de 2008 se registró 23,7% sobre 23,6 millones de hogares. En el caso de Alemania, la penetración llegó a 9,9% sobre un total de 33,9 millones de hogares según cifras reportadas en 2007.

En cuanto al mercado de sintonizadores, Reino Unido encabeza la lista con 27 millones vendidos a diciembre de 2007, le sigue Francia con 13 millones a marzo de 2008. Luego se ubica España con 11,3 millones a junio de 2008; Alemania con 9 millones a diciembre de 2007 e Italia con 8,1 millones a marzo de 2008.

A la luz de estos datos, se advierte que, a pesar de que el *switch off* está previsto en todos los países para dentro de entre dos y cuatro años, en ningún caso (excepto en el Reino Unido), la penetración en hogares llegará a 50%, de modo que es difícil de ver cómo se alcanzará a los restantes para cumplir con las metas propuestas.

Estados Unidos

Galperín (2004) señala la existencia de tres etapas en la transición analógico/digital en Estados Unidos, que coinciden con tres gobiernos:

- El proceso se origina cuando la FCC adopta una política de transición a pesar de la negativa de la administración de George Bush de subsanar la alicaída industria electrónica a partir de la HDTV.

- La segunda etapa llega durante el primer gobierno de Clinton cuando se reconfigura la estrategia a partir de la inclusión de la TV digital como parte de un proyecto más ambicioso basado en la Infraestructura Nacional de la Información (NII), lanzada en 1993. Aquí se observa la dinámica de lucha de los agentes por repartir los costes económicos y políticos de la ralentización de la transición.

- Durante los últimos años de la administración Clinton, las políticas de transición quedan nuevamente subsumidas a iniciativas tendientes a maximizar eficiencia en el uso del espectro y balancear el presupuesto federal.

La directriz que guía el proceso de transición es el mantenimiento del mundo analógico de radiodifusión. En el inicio, los radiodifusores incumbentes intentaron defender los arreglos relativos al uso de las frecuencias en UHF y VHF establecidos en el Sixth Report de 1952. En 1985, un grupo liderado por Motorola pide a la FCC que se relajen las reglas para la banda de UHF para que los operadores móviles pudieran hacer uso del espectro que permanecía vacante para el departamento de policía y las ambulancias. Los radiodifusores se opusieron firmemente bajo el argumento de que las mismas debían ser preservadas para el desarrollo de la HDTV, que la NHK, televisión pública de Japón, venía implementando desde hacía tiempo.

Cuando la FCC toma las recomendaciones de ACATS en diciembre de 1996 y se adopta ATSC para las transmisiones en digital, según Galperín, el interés por la alta definición había empalidecido y el mundo de los radiodifusores se dividía en dos bandos. Por un lado, los que consideraban que era necesario migrar lo antes posible para igualar las posibilidad de calidad y servicio de otras plataformas como el cable y el satélite. Por el otro, había quienes consideraban injustificados los costos de la transición, al menos hasta que un porcentaje elevado de la población estuviera en condiciones de recibir los nuevos servicios. En lo único que todos coincidían era en la necesidad de mantener fuera del mercado a los potenciales competidores de TDT y mantener el control del espectro, defendiendo un edificio regulatorio erigido medio siglo atrás.

La administración Clinton soportó los esfuerzos de transición debido a que tenían intereses coincidentes con su agenda de NII. Así, se pasa del interés por HDTV a las bondades de la digitalización de la señal de video en sí misma y su capacidad de liberar espectro para nuevos usos (telefonía móvil y seguridad nacional) que serían subastadas al mejor postor. En este marco, la TDT fue identificada como una aplicación clave que podría llevar la demanda de infraestructura de comunicaciones avanzadas y facilitar la disponibilidad universal de nuevos servicios de información. Los radiodifusores incumbentes temían que si se veía que ya no les interesaba la HDTV, se cuestionara la asignación de un canal adicional para transmitir en simulcast su programación actual en formato digital. Sin HDTV, la justificación política y legal del plan existente se volvía cuestionable. A mediados de 1997, la transición ingresa en su tercera etapa. La idea de revitalizar la industria electrónica de consumo doméstico había sido abandonada hacía tiempo. Por su parte, la NII seguía en agenda pero en la práctica, las tareas del gobierno se limitaban a facilitar la inversión privada y llenar espacios en las áreas poco atractivas comercialmente. El país estaba afrontando una ola de crecimiento sin precedente en el sector de las telecomunicaciones y tecnologías de la información. Como resultado, la demanda de espectro creció exponencialmente. Los radiodifusores incumbentes habían logrado mantener a raya de su espectro a los operadores de celulares evitando disrupciones en los acuerdos industriales existentes. El nuevo trato ofreció a los radiodifusores la flexibilidad de usar el segundo canal para nuevos servicios en contraprestación de una acelerada recuperación del espectro. En los hechos, nadie esperaba que los radiodifusores ofrecieran esos nuevos servicios, pero al menos el gobierno pudo reclamar algunas frecuencias valiosas para entregárselas a compañías más innovadoras y utilizar ese dinero ganado para balancear el presupuesto federal y sanear el déficit público.

Los radiodifusores incumbentes reconocieron que cualquier subasta realizada previa a la fecha instituida para el apagón analógico incrementaría las posibilidades de que los gestores de políticas reforzaran el estatuto, aún si millones carecieran de equipos para ver TV digital. De este modo, los industriales comenzaron a hacer *lobby* para que se extiendan los plazos de transición.

Emili Prado y Nuria García (2003) indican que, de acuerdo con las previsiones de la FCC, a comienzos de mayo de 2002, 1288 estaciones comerciales debían estar transmitiendo en digital, lo cual representa a 95,8% de los hogares. Sin embargo, cerca de 70% de las estaciones comerciales no llegaron a cumplir con el plazo. De este modo, el regulador terminó por aplazar hasta finales de 2004 la obligación de replicar la señal analógica con emisiones en digital en todo el territorio nacional. A su vez, se relajaron los plazos de proporción de la programación que debía ser emitida en simulcast. Originalmente, se estableció que para abril de 2003 debía transmitirse en analógico y digital 50% de la programación, 75% para 2004 y 100% para 2005. Finalmente, sólo se obligó a las estaciones comerciales a transmitir en simulcast en la franja de *prime time*. Los plazos para las estaciones públicas también fueron modificados, debían transmitir en digital a partir del 1° de mayo de 2003 y se amplió el período de tiempo hasta finales de 2005.

Según datos de la National Association of Broadcasters (NAB), a julio de 2008 se registraron 1629 estaciones en 211 mercados que ya ofrecen señales digitales. En este sentido, el principal problema que encuentran los *broadcasters* para la implantación de la TDT, tiene menos que ver con la cobertura de emisiones, que con el hecho de que el porcentaje de espectadores que recibe la programación por antena es muy pequeño en relación a la penetración de TV paga en general. Según National Cable & Telecommunications Association (NCTA), la penetración de TV por cable es de 58%, medida sobre hogares que poseen TV (112.275.000) y los suscriptores al servicio totalizan 64,9 millones. Las otras tecnologías de TV paga (entre ellas DTH), cuentan con 32 millones de suscriptores, es decir, 29% de penetración. En consecuencia, la penetración total en hogares de TV paga es de 87%, mientras que la de TV de aire es de 13%.

Por este motivo, los radiodifusores reclamaban al regulador que los operadores de TV por cable extendieran al entorno digital la obligación de transporte ("must carry") de señal analógica de la televisión de aire, dispuesta en el Acta de Cable de 1992 (Acta de protección del consumidor y la competencia en TV por Cable). En septiembre de 2007, la FCC aprobó dicha normativa, conocida vulgarmente como "Dual Carriage Rule" (Regla de la doble obligación de transporte de señal).

Si bien, originalmente, la propuesta del regulador era que los operadores de TV por cable llevaran las señales analógica y digital de la TV de aire por un tiempo indefinido, finalmente se estableció que luego del "apagón analógico", previsto para el 17 de febrero de 2009, durante un período de tres años (renovables), los cableoperadores tendrán que proveer a sus suscriptores la señal de las radiodifusoras locales de dos modos:

- Llevando la señal digital de las estaciones de TV en formato analógico.

- Llevando la señal sólo en formato digital pero asegurándose de que todos los suscriptores tengan el equipo necesario para ver el contenido de la TV abierta.

Además, la FCC reafirmó el requisito de que los cableros deben transportar las señales HD de radiodifusores en dicho formato manteniendo la directiva de "no degradación del material".

Por otra parte, otro de los obstáculos que enfrenta el gobierno para la implantación de la TDT tiene que ver con la disponibilidad en el mercado de equipos de recepción y su precio, por eso viene realizando una serie de medidas para intervenir en dichos temas. Respecto del precio, en el informe Digital América 2007, elaborado por Consumer Electronic Association (CEA), se indica que un televisor digital costaba US$ 3147 en 1998 y que el precio cayó 68% desde entonces dado que en 2006, costaba US$ 989 y en 2007, US$ 901. Además, en su reporte de 2008, la Asociación señala que más de 50% de los hogares posee un televisor digital (39% con HDTV y 11% restante, en SDTV, pero con mejor calidad que la TV analógica). Se estima que durante el 2008, los fabricantes registrarán ingresos por más de US$ 25 mil millones debido a la venta de televisores, la cifra supone un 13% más que en el 2007.[59]

En agosto de 2002, la FCC determinó que todos los televisores debían incluir un sintonizador de señales digitales para cuando llegara el

---

[59] "Más de la mitad de los hogares estadounidenses posee un televisor digital"; lunes 31 de diciembre de 2007 en http://ve.invertia.com/noticias/noticia. aspx?idNoticia=200712311418_INF_609221 y Digital America 2008 de CEA: http://www.ce.org/PDF/2k8_DA_Preview.pdf

"apagón" (en aquel momento, todavía estaba previsto para el 1° de julio de 2007). En el "Second Report and Order and Second Memorandum Opinion and Order" se estableció que todos los receptores de TV (en distintas tandas de acuerdo al tamaño de la pantalla) y todos los equipos como DVD y VCR deben incluir la capacidad de recibir TV digital. El cronograma se modificó en 2005, cuando se redujo el plazo, de julio a marzo de 2006, para que los televisores de tamaño mediano incluyeran el sintonizador. Además, se propuso adelantar la fecha final, del 1° de julio al 1° de marzo de 2007.

En esta dirección, en septiembre de 2003, la FCC aprobó una propuesta realizada por los fabricantes y los cableoperadores para fabricar televisores *plug and play* que tienen incorporado un sintonizador de TDT, de modo que se evitaría la conexión de un *set top box*.

Otra medida del gobierno para acelerar la migración y lograr el ansiado apagón en febrero de 2009, fue el anuncio del "Programa de Cupón" por parte del Departamento Nacional de Telecomunicaciones y Administración de Información (NTIA, por sus siglas en inglés) en marzo de 2007. Se trata de una medida para subsidiar la compra de conversores para recibir las señales de TV digital. Entre enero de 2008 y el 31 de marzo de 2009, los miembros de cada hogar del país podrán solicitar al gobierno hasta dos cupones por un valor de US$ 40 cada uno. Se espera que el precio de los *set top boxes* ronde entre los US$ 50 y US$ 70.

En febrero de 2007, la FCC pidió al congreso la disposición de US$1,5 millones para lanzar una campaña educativa sobre TV digital destinada a personas de la tercera edad, a los que no hablan inglés y a quienes viven en zonas rurales. A través de *workshops* se quiere transmitir la necesidad de comprar un televisor digital.

En agosto de 2007, la FCC emitió un comunicado en el cual se definieron los canales que se operarán en la post transición. Del 2 al 51, se usarán para emisiones digitales mientras que del 52 al 69, quedarán liberados para ser utilizados para seguridad nacional y servicios inalámbricos como la telefonía móvil y la banda ancha móvil.

El 24 de enero de 2008, la FCC comenzó la subasta de la banda de 700 Mhz (espectro liberado con el advenimiento de la TV digital) por la que se otorgaron 1099 licencias de las cuales, 352 corresponden a áreas económicas, 734 para el mercado de telefonía celular, 12 licencias regionales para la transmisión de datos y una licencia nacional.

En marzo se dio por finalizado el proceso, por el cual el Estado recaudó US$ 19.590 millones, superando sus expectativas iniciales que rondaban los US$ 15 mil millones. Verizon Wireless y AT&T cubrieron entre las dos algo más de 80% del total de las ofertas presentadas. Verizon Wireless fue el ganador del bloque de nivel nacional, para el cual presentó ofertas por un total de US$ 9.400 millones, mientras que AT&T obtuvo 227 licencias regionales por las cuales deberá abonar US$ 6.600 millones. Otro de los triunfadores fue la empresa Frontier Wireless, socio de EchoStar, que obtuvo licencias para operar en 168 ciudades, por las cuales deberá abonar US$ 712 millones. También Qualcomm obtuvo partes de los bloques B y E, sumando ofertas por casi US$ 1.000 millones. El gran "perdedor", aparentemente, habría sido Google, que no obtuvo ninguna licencia, aunque con esta subasta Verizon Wireless está comprometida a abrir sus redes para otros operadores.[60]

---

[60] "Comenzó la licitación de licencias para la banda de 700 MHz.". Publicado en Convergencialatina el 28-01-2008. http://www.convergencialatina.com/noticia. php?id=90919 y "Finalizó la subasta de frecuencias de 700 MHz y se recaudaron US$ 19.590 millones". Publicado en Convergencialatina el 24-03-08 http://www. convergencialatina.com/noticia.php?id=92219

La transición digital en Latinoamérica

En el presente apartado se analizarán casos de la región en el camino de la adopción del estándar de TDT, con el objetivo de reconocer tendencias en el proceso y brindar un panorama general de la situación latinoamericana en la materia.

El punto de partida será la regulación específica y documentos oficiales respecto de la TDT, que serán analizados teniendo en cuenta los siguientes criterios:

- Estrategia regional/alineaciones bilaterales.

- Sincronización cultural: homogeneización de objetivos de la migración a nivel global; cronogramas de migración.

- Rol del Estado/Actores privilegiados.

- Instituciones que marcan tendencia de "sector dominante" del proceso: entes reguladores que rigen el tema de la TV digital.

- Participación: presencia ciudadana en instancias decisorias; pluralidad de emisores/concentración a partir del privilegio de emisiones en HDTV o SDTV.

- Acceso: fomento a la movilidad e interactividad.

Se considerarán los procesos emprendidos por México, Brasil, Uruguay y Honduras —los cuatro países latinoamericanos que ya optaron por una norma de TDT— así como también Chile, Venezuela, Colombia y Perú que, al menos teóricamente, se encuentran prontos a tomar una decisión.

• México

México fue el primer país latinoamericano en adoptar la norma de
TDT, al optar por el estándar norteamericano. Hernández y Postolski
(2003), señalan tres procesos claves como antecedentes en la elección
del estándar: la puesta en marcha del Tratado de Libre Comercio (TLC)
con Estados Unidos en 1994; las privatizaciones de telefonía básica,
radiodifusión y satélites geoestacionarios y la reforma constitucional
de 1995, que permitió el ingreso de capitales extranjeros en telefonía
y autorizó los servicios cruzados de cable y telefonía. En este sentido,
los autores advierten que la elección de la norma de TDT aparece fuertemente sesgada hacia ATSC a partir de un sistema de alianzas entre el
sistema político, el sector privado nacional y el capital extranjero.

México adoptó el estándar A/53 de ATSC el 2 de julio de 2004.[61] Sin
embargo, los primeros pasos del proceso comienzan en 1997 y 1998,
cuando se celebró un "Memorando de entendimiento" con la Federal
Communications Commision de Estados Unidos (FCC) por el cual, en
las zonas de frontera común, se aseguró a las partes la disponibilidad
de canales de televisión digitales para realizar a su debido momento las
transmisiones. En 1999, mediante un Acuerdo Secretarial del 6 de julio
de dicho año (publicado en el Diario Oficial de la Federación el 30 de
julio de 1999)[62] se establecieron las bases para el estudio, evaluación y
desarrollo de las tecnologías digitales en materia de radiodifusión teniendo en cuenta principalmente las experiencias realizadas en Estados
Unidos y Canadá (que operan con ATSC). A su vez, el acuerdo también
determinó la creación del Comité Consultivo de Tecnologías Digitales
para la Radiodifusión (CCTDR) que llevaría adelante los estudios y,
consecuentemente, emitiría recomendaciones. Este organismo debía

---

[61] "Acuerdo por el que se adopta el Estándar Tecnológico de Televisión Digital Terrestre
y se establece la Política para la Transición a la Telvisión Digital Terrestre en México"
en Secretaría de Comunicaciones y Transportes (SCT) http://dgsrt.sct.gob.mx/
fileadmin/TDT/Pol_tica_de_la_TDT_01.pdf

[62] "Acuerdo para el estudio, evaluación y desarrollo de tecnologías digitales en materia de radiodifusión" en SCT http://dgsrt.sct.gob.mx/fileadmin/ligas/Diario/
diarioof3.pdf

estar compuesto por seis miembros: tres designados por la Secretaría de Comunicaciones y Transportes (SCT) y tres por la Cámara Nacional de la Industria de Radio y Televisión (CIRT). Se decidió que la Comisión estuviera presidida por el Subsecretario de Comunicaciones, mientras que el Director General de Sistemas de Radio y Televisión actuaría como Secretario Técnico. Cabe notar la ausencia de miembros de la sociedad civil en la composición de la comisión, cuyos integrantes se reducen al sector empresario y el gobierno.

Volviendo al acuerdo establecido por la Secretaría de Comunicaciones y Transporte (SCT) en 2004, entre los objetivos de política de TDT figuran la inclusión digital, mediante receptores y decodificadores accesibles; el mejoramiento de la calidad en la recepción del servicio de televisión a través de la HDTV y, consecuentemente, el "fortalecimiento de la actividad" de los concesionarios actuales ya que, si el espectro liberado se usa para transmisiones en alta definición, los mismos actores se quedan con la totalidad del ancho de banda. También se alude al desarrollo de nuevos servicios (aplicaciones móviles y portátiles) producto de la convergencia con las telecomunicaciones y la optimización del espectro. Así, los radiodifusores podrán prestar servicios de telecomunicaciones siempre y cuando soliciten un permiso al gobierno federal. Todo en un marco de "certidumbre técnica y jurídica", lo cual da cuenta de un rol subsidiario del Estado que deja en manos del mercado y, especialmente, de los actores existentes en el mundo analógico, el desarrollo del modelo de negocio de la TDT que, probablemente a través de los "servicios asociados", introduzca una lógica de pago y, al mismo tiempo, otorgue la posibilidad de ofertas paquetizadas. En este sentido, no es casual que se explicite la relación con otros actores tales como los operadores de TV paga y productores de contenidos para colaborar en el proceso de producción y distribución de contenidos en HDTV y, tal como se menciona, "la promoción de la convergencia", que de este modo no puede ser de otra manera que contemplando un modelo híbrido entre gratuito financiado por publicidad y pago en sus distintas vertientes (por descarga, tarifa plana, etc.). También se alude a otros actores como fabricantes de equipos que, sin duda, se verán beneficiados por el recambio de aparatos. La normativa prescribe un modelo de implantación de TDT por el cual los concesionarios asumen los costos operativos, financieros y de programación que genere la transición, pero el Estado les otorga un canal adicional en la banda del 2 al 52 para transmisiones digitales en forma "temporal". La definición respecto de los plazos de devolución es laxa, sólo se menciona que los canales volverán al Estado cuando la SCT considere que la estación alcanzó un alto nivel de penetración del servicio, más precisamente 95%, lo cual es casi equivalente a decir que podrían no ser devueltas jamás si se tiene en cuenta que habrá quienes nunca puedan adquirir los conversores.

Lo anterior, sumado a que, se privilegia la transmisión en alta definición (o, a lo sumo, en calidad mejorada), da cuenta de la consagración del *statu quo* vigente en el mundo digital ya que, no solo no se prevé la licitación de nuevos canales luego de la supuesta devolución de las frecuencias, sino que además, se explicita que si los canales no están en condiciones de comenzar a emitir en digital en la fecha fijada, podrán solicitar un refrendo por un año para seguir transmitiendo sólo en analógico. Aunque, claro que inmediatamente se aclara que los concesionarios o permisionarios deben cumplir con la "condición de nuevas tecnologías" que los obliga a implantar la nueva tecnología en los términos dispuestos por la STC y que su incumplimiento es causal de caducidad de la licencia.

Si bien se permite que el inicio de las emisiones sea en calidad estándar (SDTV), para fin de 2012, se espera que todas las estaciones que tengan réplica digital (es decir, que ya están transmitiendo en simulcast) emitan en HDTV o EDTV al menos 20% del tiempo total de funcionamiento diario de la estación, del cual una hora debe ser en el horario de mayor audiencia.

Para llevar a cabo el proceso de transición, se establecen seis períodos trianuales "revisables" y sin establecer fechas para el fin de las emisiones en simulcast:

- Primer período (desde la firma del acuerdo hasta el 31 de diciembre de 2006): supone la presencia de dos señales digitales comerciales en México, D.F., Monterrey, N.L., Guadalajara, Jal., Tijuana, B.C., Mexicali, B.C., Cd. Juárez, Chih., Nuevo Laredo, Tamps., Matamoros, Tamps. y Reynosa, Tamps.

- Segundo período (1° de enero de 2007 al 31 de diciembre de 2009): establece la réplica digital de las señales comerciales del primer período más la presencia de las señales digitales comerciales en zonas de cobertura de un millón y medio de habitantes en adelante.

- Tercer período (1° de enero de 2010 al 31 de diciembre de 2012): supone la réplica digital de las señales del segundo período y la presencia de las señales digitales no comerciales en zonas de cobertura de un millón y medio de habitantes en adelante.

- Cuarto período (1° de enero de 2013 al 31 de diciembre de 2015): réplica digital de las señales digitales del tercer período y presencia de las señales digitales comerciales en zonas de cobertura de quinientos mil habitantes en adelante.

- Quinto período (1° de enero de 2016 al 31 de diciembre de 2018): réplica digital de las señales del cuarto período y presencia de las señales digitales comerciales en zonas de cobertura de ciento cincuenta mil habitantes en adelante.

- Sexto período (1° de enero de 2019 al 31 de diciembre de 2021): réplica digital de todos los canales analógicos, en todas las zonas de cobertura servidas por la televisión analógica. De este modo, el apagón analógico llegaría en 2021.

Es clara la fuerte presencia del Estado con su normativa pero siempre de modo indicativo, dejando que las fuerzas del mercado vayan "haciendo y deshaciendo" de acuerdo a sus posibilidades.

En abril de 2007, en la reunión de la Comisión Interamericana de Telecomunicaciones (CITEL), México presentó un reporte sobre el estado de la TDT luego de haber finalizado el primer período de la política de transición. Según lo expresado en el documento, "a la fecha, se han otorgado *121* refrendos de concesión de televisión que amparan la operación de *444* estaciones, y *6* refrendos de permisos de televisión, para 10 estaciones. De acuerdo con lo establecido en el primer período de la política de transición (que inició a partir de la entrada en vigor del acuerdo y finalizó el 31 de diciembre de 2006) se consideraba a 10 de las ciudades más importantes del país, con al menos la presencia de dos señales digitales comerciales. No obstante lo proyectado, al 31 de diciembre de 2006 se había cumplido con lo programado para el primer período, dado que al 6 de junio del 2006, se tenían en operación *34* estaciones digitales, de las *20* consideradas"[63]. Sin embargo, versiones de mercado aseguran que las metas fijadas en el cronograma están lejos de ser cumplidas.[64]

Respecto de los servicios adicionales y asociados a la TV digital, en el documento de CITEL se expresa que aún no es posible predecir las variantes que se ofrecerán debido al estado inicial de las transmisiones. Otro dato que figura en el texto es el hecho que desde el 11 de abril de 2006, las facultades regulatorias y normativas relacionadas con la radiodifusión sonora y de televisión abierta, corresponden a la Comisión Federal de Telecomunicaciones (COFETEL). A nivel institucional este dato no es menor porque da cuenta de la preponderancia que cobran los actores de telecomunicaciones en el proceso, su peso en la toma de decisiones y la imposición de su lógica.

• Brasil

Hernán Galperín (2003) señala que el proceso de transición a la TV digital se origina a mediados de la década del noventa, de la mano del sector privado de radiodifusión, aún en manos de capitales nacionales oligopólicos.[65] En septiembre de 1994, SET (Sociedad de Ingeniería de Televisión) y ABERT (Asociación Brasileña de Emi-

---

[63] "Estado que guarda en México la transición de la televisión analógica a la digital", documento informativo presentado por la delegación de México; punto del temario 4.4. En IX Reunión del Comité Consultivo Permanente II: Radiocomunicaciones incluyendo radiodifusión. Del 17 al 20 de abril de 2007. San Salvador, El Salvador. Comisión Interamericana de Telecomunicaciones (CITEL), Organización de Estados Americanos (OEA).

[64] Informante anónimo de una empresa mexicana.

[65] Con la sanción de la Ley General de Telecomunicaciones en 1997, se permite el ingreso de capitales extranjeros en los medios. (Hernández, Postolski: 2003)

siones de Radio y Televisión) forman un grupo técnico para analizar la adopción de un sistema de televisión digital. En 1998, la Agencia Nacional de Telecomunicaciones (ANATEL) toma a su cargo la coordinación del proceso de selección y a fin de año define plazos para la realización de pruebas de campo y de laboratorio de las diferentes normas de TV digital. Al igual que se mencionó para el caso mexicano, nótese que, una vez más, un proceso ligado a la radiodifusión queda en manos de un ente que regula en materia de Telecomunicaciones. Entre octubre de 1999 y abril de 2000 se llevan a cabo las pruebas técnicas, coordinadas por SET y ABERT, cuyos resultados revelan la ventaja del sistema japonés (ISDB-T).

La ANATEL hace dos llamados a audiencia pública (a comienzos de abril de 2001 y 2002). En la primera, se debaten aspectos técnicos de las distintas normas, la evolución tecnológica, el impacto sobre la industria nacional de equipos y la posibilidad de coordinar la elección de la norma con los países de la región. En la segunda audiencia, se enfatiza sobre los aspectos económicos y sociales de la elección.

Respecto del mecanismo de consulta pública, Andrea López (2000) explica que el mismo brinda transparencia y publicidad a la función de control y permite lograr mayor eficacia en la toma de decisiones a través del conocimiento directo de los reclamos, demandas y opiniones de los usuarios reales y potenciales de los distintos servicios. Sin embargo, Martín Becerra (2006) sostiene que las audiencias públicas generan un mecanismo de ocultamiento que distorsiona su espíritu democrático debido a que se promueve la ficción de presunta igualdad de todos los que participan, solapando las diferencias de preparación e intereses representados de los participantes.[66] Concretamente en el caso del proceso de selección del estándar de TDT, si bien el llamado a consulta pública da cuenta de una instancia de mayor participación de la sociedad civil que si se tomara la decisión a puertas cerradas sin discusión abierta, da la sensación de que se utilizó como un mecanismo

---

[66] Charla debate en la Facultad de Ciencias Sociales, UBA "Audiencias Públicas sobre el acuerdo entre el Estado y las Telefónicas". 19/04/2007, organizada por las cátedras de Políticas y Planificación de la Comunicación y Legislación Comparada.

de dilación de la decisión por presiones políticas. En el caso brasileño, entre la primera y la segunda audiencia, se suponía que la decisión ya estaba consumada, no obstante, presiones por parte de los tenedores de patentes llevaron a realizar una segunda consulta y se aplazó la resolución por más tiempo.

El 26 de noviembre de 2003, el gobierno sancionó el decreto N° 4901 por el cual se instituye el sistema brasileño de TV digital (SBTVD) en una apuesta al fomento de la industria local de tecnologías, así como también a la inclusión social a través de la promoción de la educación a distancia y la previsión de otorgar licencias para permitir el ingreso de nuevas empresas.

Estos dos objetivos suponen, al menos formalmente, la postulación de un modelo orientado al interés social y apertura a nuevos emisores. De todas maneras, también figuran objetivos que dan cuenta de prerrogativas para los licenciatarios actuales ya que se contempla la asignación de un canal adicional a cada uno. También se plantean objetivos como el mejoramiento del uso del espectro y la contribución de la convergencia. En el segundo artículo se establece que SBTVD estará compuesto por un Comité de Desarrollo[67], vinculado a la presidencia de la república, por un comité consultivo[68] y un grupo gestor[69]. Los tres están conformados

---

[67] Se encargará de la realización de las pruebas y tendrá doce meses (desde la publicación del decreto) para comentar la presentación de las distintas propuestas. Será presidido por el Ministerio de Comunicaciones e integrado por la Casa Civil de la Presidencia de la República; el Ministerio de Ciencia y Tecnología; Ministerio de Cultura; Ministerio de Desarrollo, Industria y Comercio Exterior; Ministerio de Educación; Ministerio de Hacienda; Ministerio de Planeamiento; Ministerio de Relaciones Exteriores; Secretaría de Comunicación de Gobierno y Gestión Estratégica de la Presidencia de la República.

[68] Su finalidad es brindar directrices para la TV digital y estará compuesto por representantes de entidades que desarrollen actividades ligadas a las tecnologías y la TV digital.

[69] Encargado de la ejecución de cuestiones administrativas y operacionales para cumplir con las directrices propuestas por el Comité de Desarrollo. El Grupo Gestor estará conformado por la Casa Civil de la Presidencia de la República; Ministerio de Ciencia y Tecnología; Ministerio de Cultura; Ministerio de Desarrollo, Industria y Comercio Exterior; Ministerio de Educación; Instituto Nacional de Tecnologías

por representantes del sector del gobierno y, a lo sumo, por cámaras o asociaciones de corte técnico pero, por ejemplo, podría haberse contemplado a las universidades, cosa que no sucedió.

En el artículo nueve se establece que el SBTVD será financiado por el Estado, mediante el Fondo para el Desarrollo Tecnológico de las Telecomunicaciones (FUNTTEL), así como también por "otras fuentes públicas o privadas", aunque sin mayores precisiones respecto de esto último.

El 26 de junio de 2006, se sancionó el decreto 5.820 que definió que el SBTVD-T se desarrollaría en base al estándar ISDB-T incluyendo variantes locales como el sistema de compresión MPEG-4 en lugar del MPEG-2 y el *middleware Ginga*, desarrollado por la industria nacional. A su vez, se determinó la posibilidad de transmisión digital en alta definición (HDTV) –aunque no de modo prioritario– y en definición estándar (SDTV), así como también la transmisión digital simultánea para recepción fija, móvil y portátil y funciones interactivas.

Mediante el decreto se decidió que el Comité de Desarrollo fijara las directrices para elaborar las especificaciones técnicas y promoviera la creación de un Foro de SBTVD-T[70] para el asesoramiento de las políticas y asuntos técnicos referentes a la aprobación de las innovaciones tecnológicas, especificaciones, desarrollo e implantación del sistema. Dado que se especificó que el Ministerio de Comunicación otorgaría a cada emisora de TV un canal adicional para transmitir en digital en el ancho de banda de 6 Mhz, se estableció un cronograma de consignación elaborado a partir del Plan Básico de Distribución de canales de la TV (PBTVD)[71].

Se define, además, que los canales cuentan con un plazo de seis meses, contados a partir de la firma del contrato de consignación del canal, para la presentación del proyecto de instalación de la estación digital; y dieciocho meses, a partir de la aprobación del proyecto para iniciar sus transmisiones digitales.

---

de la Información (ITI); ANATEL y la Secretaría de Comunicaciones de Gobierno y Gestión Estratégica de la Presidencia de la República.

[70] Fue creado por el decreto ministerial N° 571 el 8 de agosto de 2006.

[71] La Resolución 407 del 10 de junio de 2005 establece el PBTVD que supone una cobertura de 306 localidades y 1893 canales para migrar.

A través del decreto N° 652 del 10 de octubre de 2006 del Ministerio de Comunicaciones, se estableció el cronograma de implementación de la TV, señalando plazos para la solicitud del requerimiento de la señal digital:

- Generadoras situadas en las capitales de los Estados y en el Distrito Federal.

- San Pablo hasta el 29 de diciembre de 2006.

- Belo Horizonte, Brasilia, Fortaleza, Río de Janeiro y Salvador, hasta el 30 de noviembre de 2007.

- Belém, Curitiba, Goiânia, Manaus, Porto Alegre y Recife: 31 de marzo de 2008.

- Campo Grande, Cuiabá, João Pessoa, Maceió, Natal, São Luís y Teresina: 31 de julio de 2008.

- Aracaju, Boa Vista, Florianópolis, Macapá, Palmas, Porto Velho, Río Branco e Vitória: 30 de noviembre de 2008.

- Generadoras situadas en los demás municipios: del 1° de octubre de 2007 al 31 de marzo de 2009.

- Retransmisoras situadas en las capitales de los Estados y en el Distrito Federal: 30 de abril de 2009.

- Retransmisoras situadas en los demás municipios: 30 de abril de 2011.

En el decreto 5820, se estipuló que el período de simulcast duraría 10 años, hasta el 29 de junio de 2016, pero a partir de julio de 2013 solamente serán otorgados canales para la transmisión digital. Luego del "apagón analógico", se prevé la devolución de las frecuencias al gobierno.

Uno de los usos contemplados para el espectro liberado tiene que ver con que está prevista la consignación de cuatro señales para explotación directa de la Unión Federal:

- Canal de Poder Ejecutivo: para transmisión de actos, trabajos, proyectos, sesiones y eventos.

- Canal de Educación: para promover la enseñanza a distancia de alumnos y capacitación de profesores.

- Canal de Cultura: para transmisión destinada a producciones culturales y programas regionales.

- Canal de Ciudadanía: para transmisión de programaciones de las comunidades locales, así como para divulgación de actos, trabajos, proyectos, sesiones y eventos de los poderes públicos federal, estatal y municipal. Ese canal podrá ofrecer, además, aplicaciones de servicios públicos de gobierno electrónico en el ámbito federal, estatal y municipal.

Cabe notar que, si bien la previsión de estos nuevos canales tiene como fundamento bases de promoción de la diversidad y, en algún punto, de transparencia de gestión gubernamental, el único nuevo entrante es el Estado (aunque de modo indirecto, el canal de la Ciudadanía tiene su vinculación con el poder central), llamado a contrarrestar los contenidos de la lógica comercial. Nada se dice sobre la posibilidad de canales para organizaciones sin fines de lucro, cooperativas, universidades, etc.

Además, más allá de la intención manifiesta de modo amplio de alentar procesos de convergencia (a través de la movilidad e interactividad), no se especifica para qué tipo de usos serán destinadas las frecuencias liberadas. Olimpio Franco, Director de Tecnología de SET, manifestó que no es mucho lo que se sabe al respecto. "El gobierno quiere más oferta de programaciones y concurrencia entre redes pero no sé si hará audiencias y recursos de publicidad capaces de pagar tanta oferta. Creo que el aumento de la oferta podría significar la dispersión de la audiencia"[72]. A partir de estas declaraciones, se advierte que, además del Estado, si se llegara a pensar en nuevos licenciatarios, serían ligados a ofertas comerciales que, incluso, deberán buscar formas alternativas a la publicidad para su financiamiento. Considerando lo dicho por Franco respecto de la concurrencia de redes y las indicaciones del decreto 5820 de promover la interactividad y la TV móvil, es esperable que el modelo de negocio termine generando la asociación de radiodifusores con empresas de telecomunicaciones, volcándose por el pago directo para el sostenimiento de este tipo de servicios.

---

[72] Entrevista realizada el 30 de junio de 2007.

El 2 de diciembre de 2007 comenzaron las transmisiones de TV digital en San Pablo y luego se extendieron a Belo Horizonte y Río de Janeiro. Por el momento, uno de los problemas que debe atender el gobierno en conjunto con los fabricantes de equipos es el precio de los conversores dado que, inicialmente, rondaban los US$ 400. El Ministro de Comunicaciones, Helio Costa, manifestó en reiteradas ocasiones que los *set top boxes* no deben superar los US$ 100.

• Uruguay

El recorrido de Uruguay en el proceso de elección de estándar de TV digital es breve y se dio de modo sorpresivo.

Mediante el decreto 262/06 del 7 de agosto de 2006, se creó la Comisión Nacional de Televisión Digital Terrestre Abierta (CNTDTD) para asesorar al Poder Ejecutivo en la elección de la norma.

La misma tenía una conformación plural en relación con los casos comentados anteriormente ya que participaba un delegado de Presidencia; el Ministerio de Industria; la Unidad Reguladora de Servicios de Comunicación (URSEC), Canal 5; La Asociación Nacional de Broadcasters uruguayos (ANDEBU), la Cámara Uruguaya de Televisión para Abonados, la Cámara de Industrias, la de las Tecnologías de la Información, la Universidad de la República del Uruguay (UdelaR), un delegado de las Universidades privadas, Antel (la telefónica estatal), la Asociación Mundial de Radios Comunitarias, la Asociación de Productores de Cine y grupos de consumidores.

El 27 agosto de 2007, Uruguay adoptó DVB, en sus versiones terrestre (DBV-T) y móvil (H) a partir de las recomendaciones de la Comisión que evaluó diferentes aspectos como el impacto de la norma en la diversidad de contenidos, la promoción de la libre competencia, la universalización de la TV abierta fija y móvil, la calidad técnica del servicio, estrategias de inclusión digital, la eficiencia espectral, interactividad; el desarrollo de la tecnología nacional; y el desarrollo de la industria audiovisual.

Por el momento, la URSEC y el Ministerio de Industria, Energía y Minería no han elaborado ningún plan de otorgamiento de frecuencias adyacentes ni han establecido un cronograma de migración o fechas para el comienzo de las emisiones.

El hecho de que no se hayan fijado planes, no es casual y supone una prebenda a los radiodifusores actuales que, de este modo, pueden ir desarrollando el servicio a medida que vayan encontrando el modelo de negocio adecuado.

Como contrapartida por la adopción de DVB, el país tendrá posibilidad de recibir financiamiento del Banco Europeo de Inversiones por € 2.800 millones. Además, según trascendió en los medios[73], la empresa finlandesa Nokia propuso construir un centro de investigación y un piloto de pruebas. Otra de las ofertas contemplaba la instalación de un polo tecnológico para servicios interactivos de TV digital.

La Cámara Uruguaya de Tecnologías de la Información tuvo una gran influencia en el proceso ya que viene desarrollando su programa Iberoeka para el despliegue de aplicaciones interactivas para IPTV (servicio de TV por las redes de xDSL). En dicho marco, una de las propuestas del consorcio DVB fue la cooperación para el estudio del desarrollo de descodificadores híbridos DVB-IPTV, lo cual muestra una tendencia a colaborar con el despliegue del servicio por parte de los operadores telefónicos. Respecto de la decisión uruguaya, Juan Carlos Guidobono, consultor de ATSC sugirió una relación entre Nokia y la papelera Botnia (ambas finlandesas) y dijo "que es muy pobre que el gobierno haya elegido DVB para devolver favores al gobierno español y las empresas". Además, dijo que la comisión no se reunía desde diciembre de 2006 y que, casualmente, se disolvió una semana antes de que se tomara la decisión final, para la cual no se tomó en cuenta el punto de vista de los radiodifusores que marcaban preferencia por ATSC.[74]

• Honduras

El 9 de enero de 2007, Honduras optó por la norma ATSC, mediante la resolución 001/07, que entró en vigencia el 16 de enero de 2007.

---

[73] "Por qué Uruguay definió por la norma europea". Canal-Ar, 10 de septiembre de 2007 http://www.canal-ar.com.ar/Noticias/NoticiaMuestra.asp?Id=4893
[74] Entrevista a Juan Carlos Guidobono.

Las razones para la decisión fueron: "La capacidad de lograr transmisiones digitales, incluyendo las de Alta Definición (HDTV) en canales de 6 MHz, que es el mismo ancho de banda que se usa en Honduras; la eficiencia en la transmisión de señales, que permite maximizar la cobertura del área de servicio con la menor potencia posible y así habilita a las radiodifusoras de televisión para duplicar su cobertura analógica al menor costo; la posibilidad de aprovechar las potenciales economías de escala en la producción global de aparatos de recepción, a fin de aprovechar la reducción de costos en beneficio de la sociedad; la disponibilidad de aparatos de recepción en condiciones favorables que permiten aplicaciones interactivas y una mejor calidad y definición de imagen; el potencial de desarrollar nuevos servicios y nuevas aplicaciones móviles y portátiles; las mejores condiciones para la recepción de señales de radiodifusión originadas en el territorio nacional, de manera que puedan ser captadas incluso en los países cercanos".[75]

Como antecedentes formales de la decisión, cabe mencionar la resolución NR 031/05 por la cual la Comisión Nacional de Telecomunicaciones (CONATEL) reservó canales adyacentes (del 2 al 69) para la implementación de TV digital. Luego, mediante la Resolución IN025/06, el regulador realizó una consulta pública vía web para que opinaran sobre los estándares ATSC, DVB, ISDBT y DTMB. Cabe destacar que de los países que hasta el momento han seleccionado un estándar para TDT, Honduras es el primero que menciona haber considerado la opción China.

Volviendo a la consulta, la misma estuvo abierta del 22 de diciembre de 2006 al 5 de enero de 2007. Llama la atención que la decisión final por la adopción de la norma se diera sólo cuatro días después de que finalizara la consulta, teniendo en cuenta el tiempo que lleva el procesamiento de la información, aunque las audiencias tienen un carácter no vinculante. El proceso "participativo" adquiere dudosa credibilidad si, además, se tiene en cuenta que según un comunicado de ATSC Forum "la decisión de Honduras se produce luego que las estaciones radiodifusoras de televisión de América Central y Panamá adoptaran

---

[75] Resolución NR 001/07

el mes pasado (diciembre de 2006) una resolución en que instan a las autoridades reguladoras de sus respectivos países para que aprueben el estándar ATSC."[76]

Honduras no estableció un cronograma de migración y es probable que nunca lo haga ya que, al igual que lo comentado para el caso uruguayo, la falta de plazos contribuye a "no presionar" a los radiodifusores que irán desplegando el servicio cuando les sea más conveniente. La diferencia con Uruguay es que, en este caso, sí hubo una asignación de canales adyacentes y en la resolución de establecimiento de la norma no se dice nada acerca de su de devolución. De este modo, podría decirse que se "regala" eternamente a los radiodifusores actuales una porción de espectro por la cual el Estado podría recibir ingresos. Esta situación da cuenta a su vez del mantenimiento respecto del *statu quo* vigente en el mundo digital, aunque también hay que señalar que en la resolución se menciona, casi al pasar, la obligatoriedad de implantar ATSC tanto a los licenciatarios autorizados como a los "por autorizar". De este modo, queda abierta la posibilidad de nuevos entrantes, aunque de modo tan difuso que no se sabe de qué tipo de licenciatarios podría tratarse (comerciales, no comerciales, etc.).

Países que no decidieron estándar de TDT

A continuación se presentará un panorama respecto del estado de situación de Chile, Venezuela, Colombia y Perú que, si bien aún no seleccionaron la norma de TDT, son los países que llevan adelante

---

[76] "ATSC Forum celebra la decisión de Honduras de adoptar ATSC", publicada el 19 de enero de 2007 por ATSC Forum en su sitio web: www.atscforum.org. Respecto de la situación en Centroamérica, en Guatemala, Radio Televisión Guatemala (RTG) inició sus transmisiones en alta definición con ATSC en 2006 en el marco del mundial de fútbol de Alemania. En el caso de Costa Rica, también se realizaron emisiones con la norma. Si bien no ha habido una decisión oficial, es probable que la aprobación del Tratado de Libre Comercio con Estados Unidos ejerza una influencia decisiva. En el caso de Panamá, tanto la Televisora Nacional como la cadena Medcom realizaron pruebas con DVB durante 2007.

más actividades y han establecido plazos para la elección (aunque, como se verá, siempre incumplidos)[77].

• Chile

La preocupación por la TDT tiene sus orígenes en Chile en 1997, cuando el Consejo Nacional de Televisión (CNTV) y la Subsecretaría de Telecomunicaciones (SUBTEL), dependiente del Ministerio de Transportes y Telecomunicaciones, toman a su cargo el requerimiento de elaborar un marco normativo y técnico para la introducción de la TDT. Así, se publica el "Libro Verde para la introducción de la Televisión digital terrestre en Chile" en el cual se descarta la adopción del estándar japonés[78] y, sin dar una definición final, se sopesan los pros y contras de ATSC y DVB. Finalmente, se establece un cronograma por el cual la adopción de la norma llegaría en diciembre de 2000, en 2002 comenzarían las emisiones en Santiago, la Quinta Región, Concepción y Temuco y, en diciembre de 2005 el servicio alcanzaría cobertura nacional. En 2014, se produciría el "apagón analógico".

Luego de la presentación del informe, la Administración autorizó el uso experimental de canales adyacentes 8, 10 y 12 en la banda de VHF con los que se empezó a transmitir con la norma estadounidense. Hacia finales de 2000 el Gobierno informó que la adopción del estándar técnico de TDT se posponía debido a la necesidad de analizar más en profundidad las implicancias de este nuevo sistema televisivo, sobre todo en relación a los modelos de negocios que puede generar, y de esperar la definición tecnológica de otros países de la región, lo que permitiría encuadrar a la industria nacional dentro de una economía de escala más competitiva. En realidad, la demora en el pronunciamiento tenía más que ver con divergencias entre SUBTEL y ANATEL (Asociación Nacional de Televisión) ya que los primeros mostraban su inclinación por DVB, mientras que los segundos tenían una clara preferencia por

---

[77] Como se mencionó al inicio del libro, luego del cierre de la investigación, tanto Chile como Venezuela y Perú adoptaron la norma japonesa, mientras que Colombia optó por la europea.

[78] Libro Verde, p. 17. http://www.cntv.cl/link.cgi/Publicaciones/179

ATSC. Entre estas tensiones no se puede dejar de señalar la influencia que puede generar el hecho de que Chile haya firmado un Tratado de Libre Comercio con Estados Unidos en 2002, lo cual podría marcar un alineamiento que afecte decisiones futuras (Hernández, Postolski 2003).

En 2001 se formó el comité consultivo de Telecomunicaciones para definir aspectos relacionados con la introducción de la TV digital, constituido por las empresas de telecomunicaciones, los canales de TV, la CNTV y la SUBTEL. Sin embargo, el interés por la decisión del estándar para televisión digital cobró nuevo interés en 2006, cuando se llevó a cabo un seminario en el que los representantes de los estándares ATSC, DVB e ISDBT realizaron sus presentaciones. Además se hicieron cuatro audiencias públicas entre noviembre y diciembre, donde la participación estuvo dada por empresas de TV, telefónicas, sus respectivas cámaras (ATELMO, ARETEL, GSM Association, entre otras), el Colegio de Ingenieros y la Federación de Trabajadores de la TV Chilena (FETRA). El 10 de octubre de 2006, la Pontificia Universidad Católica de Chile a través de la Dirección de Investigaciones Científicas y Tecnológicas (DICTUC) presentó el informe final en el que se analizan las tres normas en base a las presentaciones mencionadas y pruebas de campo y se recomienda explícitamente la adopción del estándar europeo DVB para la configuración de 8 Mhz. El documento fue impugnado por ATSC aduciendo que no se había tenido en cuenta información reciente respecto de su norma, además, que se consideraba inviable la configuración en 8 Mhz en América Latina, donde se opera en 6 Mhz, entre otras cuestiones. Así, una vez más, producto de presiones políticas, la resolución quedó aplazada.

El 12 de enero de 2007, la SUBTEL otorgó, mediante la resolución 53, una licencia de servicio limitado de telecomunicaciones constituido por estaciones de experimentación a la Pontificia Universidad Católica de Chile Corporación de Televisión, para la difusión de un canal de televisión utilizando la norma DVB-T en la frecuencia del canal 27. Dicha autorización fue ampliada hasta el 23 de Mayo de 2007. Según se expuso en la X Reunión de Radiocomunicadores del Comité Consultivo

Permanente II de CITEL[79], los resultados de dichas pruebas de campo mostraron "la excelente prestación del sistema DVB-T". Entre otras cualidades, se destacó que con un transmisor de potencia diez veces inferior a la emisión analógica se replica el área de cobertura tanto para emisiones HDTV como SDTV, así como también se comprobó una correcta recepción en ambos casos.

Durante septiembre y octubre de 2007, a pedido de SUBTEL, la Universidad Católica realizó nuevas pruebas de campo pero esta vez con los tres estándares en 160 hogares en Santiago de Chile. La DICTUC luego elaboró un informe[80] en el cual, sorpresivamente, se reconoce la superioridad de ISDB-T. Al respecto, Pablo Bello, subsecretario de Telecomunicaciones, intentó relativizar el hecho y manifestó que "el estudio muestra que la tecnología OFDM tiene mayor capacidad, mayor robustez y se recibe mejor en ambientes urbanos. Dentro de este tipo de tecnología, el estándar japonés tiene un mejor comportamiento desde el punto de vista de su robustez y su capacidad de recepción en movimiento. La DICTUC afirma que los tres estándares funcionan adecuadamente, pero ubica en primer lugar al japonés, luego el europeo y en último lugar al norteamericano. Los decodificadores para América Latina son críticos porque hay una base de televisores que ya están instalados en los hogares. Si uno analiza decodificadores que reciben solo señales de definición estándar, es claro que el DVB-T es el que tiene menores precios a nivel mundial, incluso con la configuración 6 Mhz NTSC para el legado analógico. Pero si uno compara decodificadores que permiten una alta definición, que sean compatibles con 6 Mhz NTSC, los precios son similares. En definición estándar de decodificadores, es

---

[79] X Reunión del Comité Consultivo Permanente II de CITEL: Radiocomunicaciones incluyendo radiodifusión. Realizado del 31 de julio al 3 de agosto de 2007 en Orlando, Florida, Estados Unidos. "Contribución para la revisión del documento: Guía de implementación de Radiodifusión de Televisión Digital Terrenal de CITEL. Pruebas de campo experimentales que se llevan a cabo mediante piloto de televisión digital terrestre en Chile". Punto 4.4 del temario.
[80] Informe sobre pruebas de campo (Informe N° 460.608), elaborado por DICTUC el 6 de diciembre de 2007 http://www.subtel.cl/prontus_tvd/site/artic/20071213/asocfile/20071213180041/informe_pruebas_de_campo_131207_final.pdf

más económico el europeo; a nivel de televisores integrados, posiblemente sea el norteamericano. Una cuestión central para la decisión del estándar es que se pueda garantizar la existencia de televisión de libre recepción en celulares, tanto en lo que se refiere a aspectos técnicos como regulatorios".[81]

En Chile estaba previsto que la definición del estándar se realizara en marzo de 2008, pero se terminó postergando. Según Bello, "más allá de la opción de un estándar, el cronograma crítico para la implementación de la TV digital en Chile está condicionado por la modificación de la ley de radiodifusión. Esperamos que esto esté completamente resuelto en el primer semestre de 2009. A partir de allí, asignaremos las concesiones y, hacia finales del año 2009 y en forma masiva, durante 2010, ya tendremos televisión digital operando en las principales ciudades de Chile. Coincide además con el Mundial de Fútbol, que siempre es una buena oportunidad para la venta de televisores".[82]

Por el momento, lo único certero respecto a la televisión digital es que operará en la banda UHF, entre los canales 21 al 51, y los superiores se destinarán a acceso a Internet a través de Wimax, en banda 700 Mhz. "A cada operador se entregarán solamente 6 mhz para evitar la concentración, y esto permite que los actuales canales de televisión y los potenciales nuevos entrantes dispongan de espectro para poder desarrollar sus modelos de negocios. También se contempla que algún operador de red pueda adquirir unos 6 mhz para servicios de transmisión a terceros, como ocurre en muchos países de Europa. Queremos tener un modelo mixto en el que algunos operadores sean dueños de su propio espectro, y otros podrán subarrendar capacidad, asociar entre ellas", concluyó el subsecretario de telecomunicaciones.

• Venezuela

En el 2000, la Comisión Nacional de Telecomunicaciones (CONATEL) inició un proceso de evaluación teórica para la implantación de la

---

[81] Entrevista realizada a Pablo Bello, subsecretario de telecomunicaciones de SUBTEL, el 24 de enero de 2008.
[82] Idem.

                     ANA BIZBERGE

TDT, pero el trabajo cobró mayor impulso a partir de 2007, cuando el Ministerio del Poder Popular para las Telecomunicaciones y la Informática (MPPTI) dio inicio al Proyecto "Promover e Impulsar la Televisión Digital y Radio Digital en Venezuela", enmarcado en el Plan Nacional de Telecomunicaciones 2007-2013. El objetivo del proyecto es "diseñar, formular, planificar y ejecutar las políticas públicas en materia de Televisión Abierta Digital y Radiodifusión Sonora Digital, orientadas a la satisfacción de las necesidades de comunicación de los ciudadanos, a la promoción de la sociedad del conocimiento y a la democratización del espectro radioeléctrico, que contribuya al fortalecimiento del nuevo modelo comunicacional, de la participación ciudadana y del poder popular".[83]

Durante 2007 se llevaron a cabo diversas pruebas de campo con los estándares europeo y japonés y se decidió dejar de lado el norteamericano solapando diferencias político ideológicas con cuestiones técnicas (no se adaptaba a los requerimientos del país dado "sólo permite un canal por ancho de banda").

La primera fase de pruebas se desarrolló desde el 26 de junio (coincidiendo con la Copa América de fútbol) al 15 de julio de 2006 y fue denominada "prueba de percepción", que consistió en la colocación de receptores en 5 locaciones de Caracas, repartidas entre institucionales y comerciales. La segunda fase tuvo lugar entre agosto y noviembre de dicho año y comprendió la realización de mediciones de recepción de la señal fija, móvil y portable de cuatro señales (8, 2, 4 y 37) colocadas en un canal de 6 Mhz en 108 puntos que cubrían distintas ciudades.[84]

Luego de que concluyera el proceso, el Ministro de Telecomunicaciones de aquel entonces, Jesse Chacón, anunció que el estándar sería elegido a fin de año, lo cual no sucedió porque el gobierno decidió que también debía realizar pruebas con el estándar chino (DTMB). Así, por

---

[83] http://www.minci.gov.ve/pagina/1/14783/la_television_digital.html

[84] Décima Reunión del Comité Consultivo Permanente II de CITEL: 31 de julio al 3 de agosto realizada en Orlando, Florida, EE.UU. "Avances del Estudio de la TV Digital Terrestre en Venezuela" y presentación del Ministro de Telecomunicaciones de aquel momento Jesse Chacón. (ppt)

un período de diez días, a mediados de 2008 se realizaron pruebas en Caracas con las tres normas pero aún no se han dado indicios de una decisión, ni hay plazos concretos.

• Colombia

Desde 2006, la Comisión Nacional de Televisión (CNTV) viene realizando infinidad de estudios, pruebas de campo, foros y visitas a varios países para determinar cuál es el estándar que más le conviene al país.

El proceso comenzó en 2005 enmarcado en el "Plan de desarrollo de la televisión 2004-2007" que suponía la formación de grupos de estudio para proponer diferentes políticas para la transición a digital. Así, se creó el "Plan para la implementación de la Televisión Digital en Colombia" bajo la premisa de que la TV digital contribuirá a reducir la brecha digital, mejora la calidad de la señal, permite un mejor aprovechamiento del espectro, da la posibilidad de brindar más canales y servicios asociados.

El 20 de diciembre de 2006, la CNTV creó un Consejo Asesor y un Comité Técnico. El primero, encargado de proponer el estándar adecuado para las necesidades del país y, el segundo, de promover y desarrollar los estudios respectivos para someterlos a consideración del Consejo.

El Consejo Asesor está conformado por los Ministerios de Educación, Comunicación y Cultura; un representante del Senado y uno de la Cámara de Representantes, delegados de los canales regionales y nacionales privados; un representante del canal Uno; el Presidente de la Cámara Colombiana de Informática y Telecomunicaciones, Presidente de ACIEM (Asociación Colombiana de Ingenieros), ASOMEDIOS (Asociación Nacional de Medios de Comunicación), Director de CINTEL (Centro de Investigación de las Telecomunicaciones), dos ingenieros técnicos y dos economistas por el lado de la universidad pública y privada y, por último, un experto en medios. Por su parte, el Comité Técnico está integrado por el Director de Desarrollo del Ministerio de Comunicaciones, un Ingeniero de la Dirección, un asesor del despacho del Ministro de Comunicaciones, Subdirector técnico y de operaciones de la CNTV y dos ingenieros de la CNTV. Mediante el Acta 1215 del 17 de enero de 2006, la Junta Directiva de la CNTV autorizó al Consorcio de Canales Privados (CCNP) para utilizar las frecuencias 60, 62, 64 y 66 para realizar pruebas con los estándares ATSC y DVB en Bogotá. Particularmente, los canales 60 y 62 fueron utilizados para la transmisión de contenidos de alta definición. Entre el 25 y 27 de octubre del mismo año, en el marco del XXI Congreso Nacional y XII Andino de Telecomunicaciones —ANDICOM—, la CNTV autorizó a la empresa Harris Corporation a realizar pruebas con DVB-H con cobertura limitada al centro de convenciones de Cartagena, donde se llevó a cabo el evento.

El 9 de noviembre de 2006, mediante el acta 1827, la CNTV permitió que el canal privado RCTV realice pruebas con los estándares norteamericano y europeo en Bogotá.

Recién en 2007, ISDBT se sumó a la carrera de pruebas de campo (junto DBV y ATSC) en Bogotá y presentó una propuesta tentadora a cambio de la elección de la norma: no cobrar la patente de invención del sistema, enviar expertos y capacitar técnicos colombianos para el manejo de la tecnología, desarrollar esquemas de cooperación para adaptar la señal digital a las necesidades colombianas, financiar la importación de equipos mediante el Banco de Japón y abrir plantas de fabricación de decodificadores y televisores en Colombia. Por su parte, los norteamericanos ofrecieron ayudas económicas provenientes de los gobiernos de Estados Unidos y Corea del Sur que incluirían "inversiones directas para el establecimiento de fábricas en Colombia o acuerdos comerciales *(join ventures)* con productores locales. En lo que respecta a los europeos, la propuesta consiste en otorgar un presupuesto de € 9.000 millones para planes de TIC, apoyos técnicos, acompañamiento en la implantación y la apertura de un centro de tecnología para el desarrollo de nuevas herramientas que se apliquen al formato digital europeo.[85]

---

[85] "Japón propuso no cobrar derechos de patentes del estándar ISDB para TV digital", publicado el 20-11-07 en Convergencialatina http://www.convergencialatina.com/noticia.php?id=89489/

"Representantes de los estándares de TDT ofrecen créditos, entrenamiento e instalación de fábricas" publicado el 5-5-2008 en Convergencialatina http://www.convergencialatina.com/noticia.php?id=93298

En términos de relaciones internacionales, a lo anterior se sumó un hecho cuya importancia en el proceso no debe ser subestimada, en el marco de la Conferencia Mundial de Radiocomunicadores realizada en octubre de 2007 en Ginebra (Suiza), Brasil aceptó ampliar el plazo hasta 2010 para que los países Andinos[86] utilicen la posición orbital 67° Oeste, asignada al país por la UIT, para su satélite Simón Bolívar II. Como contrapartida, los países Andinos se comprometieron, a través del lobby brasilero, a evaluar la posibilidad de adoptar el sistema japonés, entre otras cosas.[87]

A la hora de seleccionar la norma también se juega el hecho de que en el país está pendiente la aprobación en el Congreso de un TLC con Estados Unidos y se prepara otro con la Unión Europea, aunque el estadío es mucho menos avanzado. Según el cronograma inicial planteado por el Ministerio de Comunicaciones, la elección de la norma debía realizarse el 17 de marzo de 2008, se esperaba que para el 2015 hubiera señal digital en las grandes ciudades, en 2018 para las medianas, en 2019 para las pequeñas y en 2020 llegaría el *switch off*.

Cuando se acercaba la fecha señalada para la decisión del estándar, se decidió que previamente había que esperar los resultados de la Encuesta Nacional sobre usos y hábitos de los consumidores[88] debido a que eran

---

"La CE ofrecerá US$ 9.000 millones para planes TIC si se elige DVB-T como norma de TV digital" publicado el 24-06-08 en Convergencialatina http://www.convergencialatina.com/noticia.php?id=94697

[86] Los países miembros de la Comunidad Andina (CAN) son Bolivia, Colombia, Ecuador y Perú.

[87] Comunicado de la Unión Internacional de Telecomunicaciones (UIT). Octubre 2007.

[88] La Encuesta fue realizada por la firma Ipsos Napoleón Franco sobre una muestra de 3.800 personas. El estudio reveló que 84% de los encuestados dijo nunca haber escuchado hablar de TV digital. Entre el porcentaje restante que sí sabía de qué se trataba, 32% de los encuestados aseguró que compraría un adaptador para recibir TV digital, 28 % compraría un televisor digital integrado y 15 % se conformaría viendo TV análoga en los diez años en que se mantenga simultáneamente funcionando con la TV digital. Consideró muy importante que haya mejor calidad de imagen 63 % y sonido, 50 % que haya contenidos especializados, 44 % consideró que la interactividad es importante y 39 % valoró la posibilidad de ver TV en un dispositivo móvil. El

"determinantes", teniendo en cuenta que también está en marcha el proceso de licitación de un nuevo canal privado de alcance nacional en Colombia y la prórroga de las licencias de RCN y Caracol. De este modo, la decisión fue pospuesta hasta mayo, luego hasta julio y, finalmente, hasta el 29 de agosto de 2008 debido a que era necesario evaluar la norma china que, hasta el momento, no había sido contemplada.

Entre tanto, se decidió la realización de nuevas pruebas de campo en Pereira y Bogotá, seis foros regionales de TV en abril con el objetivo de recolectar los distintos puntos de vista respecto de la opción más conveniente (más tarde se decidió que se harían cinco más en julio). De acuerdo al nuevo cronograma, el apagón analógico está previsto para 2025. En cuanto a la asignación de espectro adicional requerido para el período de transición, se usarán los canales del 21 al 69 en UHF. Se asignará automáticamente a todos los operadores actuales (tres canales nacionales, dos privados, ocho regionales) una frecuencia adicional para el período de transición. La excepción será para los 47 canales locales, que tendrán uno solo entre todos para repartir sus programaciones. Luego del "apagón", los operadores tendrán que devolver una de las frecuencias (la de VHF o UHF). El advenimiento de la TV digital supone una relativa apertura a la entrada de nuevos actores que viene dada por la licitación del nuevo canal de TV abierta.[89]

• Perú

En noviembre de 2006, mediante la resolución N°645/2006, el Ministerio de Transportes y Comunicaciones (MCT) dejó asentado el interés por iniciar el proceso de selección de la norma de TDT y estableció las bases para iniciar las transmisiones experimentales. Así, se reservó la banda 470-584 MHz, correspondiente a los canales 14 hasta el 32 para el desarrollo de la televisión digital.

---

mayor temor identificado fueron los precios de los equipos. **Fuente** http://www.convergencialatina.com/noticia.php?id=93107 25-04-08

[89]"La inversión en TV digital rondará los US$ 400 millones" para Convergencialatina 27-02-08 http://www.convergencialatina.com/noticia.php?id=91617

El 21 de febrero de 2007, se constituyó la Comisión Multisectorial[90], que debería recomendar al MCT el estándar de televisión digital terrestre que adoptará Perú. La misma está conformada por un representante del Ministerio de Transportes y Comunicaciones (que la preside); dos representantes de la Presidencia del Consejo de Ministros a propuesta del Instituto de Radio y Televisión del Perú (IRTP) y del Instituto Nacional de Defensa de la Competencia y de la Protección de la Propiedad Intelectual (INDECOPI); un representante del Ministerio de la Producción (PRODUCE); un representante del Ministerio de Relaciones Exteriores (RREE); y un representante de la sociedad civil a propuesta del Consejo Consultivo de Radio y Televisión (CONCORTV).

En la resolución se menciona que los criterios para la recomendación del estándar contemplarán: las características técnicas de las normas; la promoción del uso eficiente del espectro radioeléctrico; la promoción de la convergencia de los servicios de telecomunicaciones; la contribución a la reducción de la brecha digital, al acceso universal y al desarrollo de la sociedad de la información; generación de economías de escala; promoción de la industria audiovisual, generando nuevas oportunidades de negocio; la promoción de la investigación, del desarrollo tecnológico, de la innovación y de las capacidades humanas en el campo de la TDT.

A mediados de abril de 2007, se realizó el Foro Andino de Televisión Digital con el objetivo de intercambiar experiencias entre los países de la Comunidad. Participaron del mismo los representantes de los estándares ATSC, DVB e ISDBT.

ATV fue el primer canal del país en recibir autorización del MCT para realizar emisiones experimentales bajo la norma ATSC.

El 28 de julio de 2007, se aprobó el Plan de Trabajo de la Comisión[91]. A partir de dicho momento, había un plazo de 120 días para dar una recomendación y se fijó la fecha de vencimiento el 29 de noviembre. De acuerdo al cronograma, las pruebas de campo de recepción fija y móvil

---

[90] Resolución Suprema N° 010-2007-MTC

[91] Resolución N° 396-2007-MTC/03

se llevarían a cabo durante octubre y la segunda semana de noviembre, la Universidad Peruana de Ciencias Aplicadas (UPC) presentaría los resultados a la Comisión. Sin embargo, el inicio de las pruebas se retrasó hasta comienzos de noviembre, momento en el que se realizaron *"trials"* con ATSC e ISDBT. Por ende, el 22 de noviembre el MTC emitió una resolución por la que prorrogó por 60 días la definición (hasta el 21 de enero)[92].

Recién a mediados de enero se hicieron pruebas con DVB, lo cual ocasionó una nueva prórroga del plazo de la recomendación de la Comisión, esta vez por 30 días hábiles (hasta el 29 de febrero)[93]. Casi como si fuera el "cuento de la buena pipa", se produjo una nueva dilación en los plazos debido a que faltaba realizar un análisis sobre el costo de adopción de los distintos estándares, entonces se extendió el plazo de la decisión por 30 días más[94]. Finalmente, el MTC decidió una nueva ampliación por 180 días[95], debido a que era necesario realizar pruebas de desempeño en equipos móviles.

Respecto del proceso peruano hay que tener en cuenta las presiones políticas que pueden estar dadas por al menos dos factores evidentes: la existencia de un TLC con Estados Unidos, así como también, el compromiso adoptado con Brasil por parte de los países miembros de la CAN de evaluar la norma japonesa, debido a la prórroga de los plazos de utilización de la posición orbital brasileña para ubicar el satélite Simón Bolívar II que se comentó en el caso colombiano.

Tendencias comunes

Luego de la descripción del proceso de adopción de la TDT en algunos países latinoamericanos, es posible retomar los criterios de análisis mencionados al comienzo de este apartado para dar cuenta de ciertas tendencias comunes en la región.

---

[92] Resolución 093-2007- MTC

[93] Resolución 005-2008

[94] Resolución 022-2008

[95] Resolución 036-2008

- ### Estrategia regional/ alineaciones bilaterales

Entre los países de la región que ya han optado por una norma, el panorama se encuentra dividido: México y Honduras eligieron ATSC; Brasil, ISDBT y Uruguay, DVB. De modo que aún no puede advertirse cuál de los consorcios ha sido el gran ganador en la carrera por la "conquista" de Latinoamérica. El camino que tomen los países que aún están en la disyuntiva será decisivo.

Por el momento, lo único cierto es que hasta ahora se han privilegiado las estrategias bilaterales con los centros de poder encarnados con cada uno de los estándares en detrimento de cualquier alianza regional. Incluso, las decisiones en base a bloques comerciales regionales también han fracasado si se piensa, por ejemplo, en la situación de los países del Mercosur. Habrá que ver qué sucede con la Comunidad Andina, donde el lobby brasileño podría resultar definitorio. De ser así, además de alineaciones bilaterales, el país carioca se consagraría como "campeón regional" en el camino hacia la digitalización.

- ### Sincronización/Homogeneización cultural

Caroline Caron (2006) plantea que "las dos consecuencias más importantes de la globalización son la uniformización de las legislaciones nacionales y, en un nivel más simbólico, la tendencia a la homogeneización de las representaciones del mundo".[96] En un sentido similar, Bustamante (2003) habla de una "cultura Mc Donalds" o "cultura clónica" entendida como la reacción y asimilación de impulsos locales que realizan mestizajes con la cultura global, de modo que los mercados internacionales terminan por articularse de modo clasista y se observa la repetición de un abanico limitado de fórmulas. A partir de las definiciones anteriores, en los casos analizados es frecuente observar idénticos objetivos para la adopción de la norma en países con características disímiles, sobre todo en relación con los

---

[96] Caron Caroline, "Canadá-Tailandia: análisis comparativo de políticas públicas.", en *Revista Telos*, edición N° 68, julio-septiembre 2006. http://www.campusred.net/telos/articuloperspectiva.asp?idarticulo=1&rev=68

epicentros tecnológicos (Estados Unidos, Japón y Europa). Casi como enunciados vacíos y políticamente correctos se repite la intención de reducir la brecha digital, inclusión social a través de servicios interactivos y movilidad, mejor aprovechamiento del espectro, entre otros, que luego se contradicen cuando, por ejemplo, se termina asignando canales adyacentes a los operadores actuales de por vida, consagrando una estructura concentrada.

Otra forma de ilustrar el proceso de homogeneización cultural es a través del establecimiento de cronogramas de migración que, si bien por un lado actúan como imposición de ritmos adecuados a los requerimientos de los mercados internacionales marcando un camino lineal, por el otro, son lo suficientemente laxos o susceptibles de modificación de modo de evitar afectar los negocios del *statu quo* vigente. Esto último también se advierte en los casos de países que adrede no definen cronogramas (Uruguay, Honduras, Costa Rica, Guatemala), lo cual significa una doble prebenda para los radiodifusores que van desarrollando el negocio en la medida de sus posibilidades, sin presiones, haciendo uso del espectro obtenido por *default*.

• Rol del Estado/ Actores privilegiados

El Estado queda en un rol totalmente subsidiario por el cual define reglas básicas, dejando que sean las "fuerzas del mercado" las que diseñan las políticas públicas para la incorporación de las tecnologías en base a intereses técnicos y económicos en detrimento de intereses democráticos, ciudadanos, sociales y culturales.[97]

Independientemente del estándar que se trate, es marcada la tendencia hacia un modelo de negocio "convergente" que, a través de "servicios asociados", promueve la consagración de la lógica de pago y el ingreso de los operadores telefónicos que buscan disputar el mercado a los radiodifusores tradicionales. En este sentido, no debe sorprender que se promueva la relación con industrias asociadas como la publicidad que, a través de la técnica de *"targeted advertisement"* encuentra un nuevo impulso. Lo mismo puede decirse respecto de las sinergias con los cableros y

---

[97] Hernández, P y Postolski, G. Ob. cit.

productores de contenidos que, a través de ofertas "Premium" permitirán la llegada de un modelo de pago a "la televisión abierta".

Un aspecto a destacar en el caso de México y Honduras que adoptaron ATSC es que, a diferencia de los que sucede en el país de origen de la norma, las prebendas estatales a los radiodifusores pasan por los aspectos mencionados anteriormente pero no se considera la posibilidad de un subsidio a la población para la adquisición de equipos, que podría ser una medida de fomento a la inclusión social. De todas maneras, en el caso norteamericano el "Programa del cupón" poco tiene que ver con objetivos sociales sino más bien con una política industrial que favorece a los fabricantes al asegurarles que el recambio de aparatos será efectivo.

Particularmente en lo referente a TV móvil, en Latinoamérica se espera lograr una economía de escala de los productores ligada al mercado de reposición de aparatos celulares que, sin duda, tendrán que encontrar un umbral de precios acorde al poder adquisitivo de la región.

- **Instituciones dominantes**

Si en el punto anterior se comentaba la fuerza que van adquiriendo los operadores de telecomunicaciones en la radiodifusión, su peso se hace más notorio si se tiene en cuenta que la mayoría de los países de la región, los organismos reguladores que rigen el proceso de adopción de la norma son los entes de telecomunicaciones. Tal es el caso de México, Brasil, Chile, Honduras y Venezuela.

La excepción a la regla sería Colombia, donde la CNTV lleva adelante el tema de la transición. En cuanto a Perú, si bien el proceso es compartido entre el MCT y la CONCORTV es el primero, más bien de carácter técnico, el encargado de llevarlo adelante, mientras que el segundo queda en un rol subsumido. Algo similar sucede en Uruguay donde URSEC lleva adelante el proceso junto con el Ministerio de Industria, Minería y Energía que poco parece tener que ver con el tema y podría decirse que está ligado más a cuestiones técnico-industriales que político-culturales.

- **Participación**

En términos generales, se observa escasa o nula participación de la sociedad civil en las instancias decisorias, ya sea en las comisiones o en las audiencias públicas, en los casos en los que existen (Brasil, Honduras, aunque en éste último caso, vía web de CONATEL). De todas maneras, se observa una contradicción entre aquellas comisiones cuya conformación es "plural" (Uruguay y Chile, por ejemplo) pero con poco poder de decisión, bien sea por presiones y divergencias internas (Chile), o por reuniones a puertas cerradas con escasa notoriedad pública que redunda en decisiones abruptas y sorpresivas (Uruguay).

También llama la atención que la realización de Foros técnicos o informativos para la ciudadanía (esto último especialmente en Colombia) dista de ser un espacio de inclusión y formación para transformarse en "excusas" para prorrogar la definición. En el mismo sentido operan las pruebas técnicas. Como se observa en Perú, Chile, Colombia y Venezuela, siempre surge alguna medición novedosa por realizar o un nuevo estándar objeto de pruebas (el chino en Venezuela y Colombia). De este modo, cuestiones técnicas dilatan decisiones eminentemente políticas.

Otro indicador de las posibilidades de participación tiene que ver con el peso asignado a transmisiones en alta definición o estándar lo cual, a su vez, se relaciona con la posibilidad de pensar en el ingreso de nuevos actores que también se vincula con la devolución de frecuencias adyacentes comentada en puntos anteriores. La propuesta mexicana es la más evidente en este sentido: apuesta a la HDTV y a consagrar en el mundo digital a los radiodifusores del entorno analógico pero, con la promoción de la "convergencia", las telcos terminarán por convertirse en los imparables nuevos entrantes.

Por su parte, si bien el caso brasileño se destaca determinando de plano la creación de cuatro nuevos canales, de modo directo o indirecto, se trata de mayor presencia estatal para balancear la lógica comercial pero no se especifica la posibilidad de licitaciones para otros nuevos entrantes más que sólo a título enunciativo. En líneas generales, eso es lo que sucede en la mayoría de los países analizados, hayan elegido o no la norma. Se enuncia como declaración de buenas intenciones el ingreso de nuevos actores pero sin planes concretos al respecto, salvo en Colombia, con la licitación del tercer canal privado que de todas maneras, no hace más que reproducir la lógica existente de pocos emisores del mundo analógico.

• Acceso

TV móvil e interactividad podrían operar como posibilidad de brindar mayores posibilidades de acceso a los ciudadanos en pos de un horizonte democratizador de las comunicaciones. Por el contrario, en el nuevo esquema se presentan como el modo de encontrar un nuevo nicho de ganancia, dado que los servicios interactivos (en el móvil o en la TV "fija") serán utilizados para promover ofertas pagas. Lo mismo, respecto de la TV móvil donde se espera poder replicar y potenciar la lógica de pago por descarga o instalación de tarifa plana mensual propia de las telefónicas para ciertos contenidos.

La televisión digital en Argentina

Antecedentes

En el marco de la consagración de los principios de "desregulación, privatización y desmonopolización" como directrices de las políticas públicas de la década de 1990, Mastrini y Becerra (2006) advierten que la estructura de los mercados de medios de comunicación y telecomunicaciones asistió a una profunda reestructuración. Durante el primer gobierno de Carlos Menem se desencadenó el proceso de privatizaciones de los canales de televisión, estaciones de radio y la empresa monopólica de Teléfonos (ENTEL), entre muchas otras, mediante el cual el Estado cedió sus principales activos industriales y servicios al sector privado. Estos cambios fueron acompañados por un conjunto de modificaciones legales que permitieron acrecentar las posiciones de los grupos dominantes, generando un mapa fuertemente concentrado hacia la segunda mitad de los noventa.

La sanción de la Ley de Reforma del Estado (23.696) o ley Dromi posibilitó la privatización de las empresas estatales. Específicamente en materia de radiodifusión, la ley eliminó el límite de tres licencias de televisión o una de radio a una misma persona física o jurídica en distintas áreas de cobertura. A su vez, terminó con la restricción que impedía a sociedades diferentes de radiodifusión presentarse a concurso de una licencia, lo cual habilitó el ingreso de personas o empresas provenientes de otras actividades económicas. Se autorizó la propiedad cruzada al levantar el impedimento para los medios gráficos de presentarse a concurso. Por último, se permitió la participación de sociedades anónimas (sociedades integradas por otras sociedades). Todas estas modificaciones y la privatización de los canales 11 y 13 posibilitaron la conformación de los dos multimedios más importantes del país: Grupo Telefé (Editorial Atlántida de la familia Vigil, Soldatti, Zanon, Avelino Porto y diez canales del interior) y Grupo Clarín (Noble-Magento), ambos de capitales nacionales en ese período.[98]

En lo que respecta a la telefonía, la privatización de ENTEL[99] generó un duopolio privado conformado por Telefónica[100] (área sur) y Telecom[101] (norte) que tendrían exclusividad en el sector por un período de siete años con posibilidad de renovación por tres más. Además, las compañías fueron beneficiadas con posiciones oligopólicas en el mercado de telefonía móvil.

El período 1995-2000 se caracterizó por la presencia del capital financiero transnacional, concentración y centralización del capital, incorporación intensiva de nuevas tecnologías y expansión de los servicios ofertados. El sector de las comunicaciones experimentó la transferencia de prácticamente la totalidad de medios de radiodifusión a nuevos agentes vinculados principalmente al mercado financiero y a los protagonistas de la convergencia tecnológica. En este sentido, cabe mencionar el ingreso de CEI-Telefónica a Grupo Telefé en 1997/98 —tras haber adquirido canal 11 y 9 y los canales provinciales asociados a cada uno de ellos— y el ingreso de Goldman & Sachs en Grupo Clarín con 18% de participación accionaria. De este modo, se observa la presencia de un multimedio ligado a capitales extranjeros (Telefónica)

---

[98] Rossi, D. (2005) "La radiodifusión entre 1990-1995: exacerbación del modelo privado comercial" en *Mucho ruido y pocas leyes. Economía política de comunicación en la Argentina (1920-2004)*. Mastrini, G. (editor) La Crujía. Buenos Aires.

[99] Decretos 59/90; 60/90; 61/90 y 62/90.

[100] El consorcio se conformó entre Telefónica de España (a través de su controlada Telefónica Internacional), Perez Companc (a través de Inter Río Holdinhgv Establishment), Techint (a través de Inversora Catalinas) y el City Bank (a través de CitiCorp Ventures).

[101] Stet Societá Finanziaria, France Cable et Radio, Pérez Companc (a través de su controlada Cía. Naviera Pérez Companc) y el Banco J.P. Morgan.

y un grupo (Clarín) que sigue siendo eminentemente nacional y de aquí en más enarbolará esa bandera como elemento de presión.[102]

En términos regulatorios, el ingreso de capitales extranjeros fue posible a través de la reforma de la Constitución en 1994, por la cual los tratados internacionales cobraron fuerza de ley generando la asimilación del capital nacional y extranjero en diversas actividades económicas. También contribuyó con esta tendencia la sanción del decreto 1005/99 al autorizar el ingreso de capital extranjero cuando exista un Tratado de Reciprocidad con Argentina. Otra tendencia que se consolidó con el decreto fue la concentración de la propiedad, los dueños de los canales de Buenos Aires se hicieron cargo de las estaciones en el resto del país.[103] La estructura de mercado de la televisión abierta, cuya penetración alcanza 98% de los hogares, cuenta con 43 emisoras.

Con la crisis de finales de 2001, el sector info-comunicacional se vio muy afectado por la devaluación y requirió de la asistencia del Estado para evitar la quiebra de las empresas y grupos más importantes, tal fue el caso de Grupo Clarín. Para evitar que fuera absorbido por capitales internacionales, durante el gobierno de Néstor Kirchner se sancionó la ley de Bienes Culturales en 2003 (Ley 25.750), por la cual se permite hasta 30% de participación extranjera en la propiedad de los medios (a menos que exista un tratado de reciprocidad con el país). Con esta medida se evitó que Goldman & Sachs se hiciera de la mayoría accionaria del grupo nacional.

Avatares de la elección y "re-elección" de la norma de TDT

La carrera por la televisión digital en Argentina tiene sus orígenes durante el segundo gobierno de Carlos Menem —con Germán Kamme-

---

[102] Albornoz, L y Hernández, P. (2005) "La radiodifusión en Argentina entre 1995-1999: concentración, desnacionalización y ausencia de control público" en ob. Cit.

[103] El decreto menemista 1005/99 además de autorizar el ingreso de capital extranjero cuando exista un Tratado de Reciprocidad con Argentina, modifica el régimen de licencias de modo que se pasa de 4 a 24 en todo el país. A su vez, se autorizan las cadenas permanentes; la transferencia de licencias, por lo cual se facilita la compra y venta de medios dificultando el seguimiento de los cambios accionarios.

rath al frente de la Secretaría de Comunicaciones– a partir del impulso de los radiodifusores privados que, nucleados bajo la Asociación de Teledifusoras Argentinas (ATA), decidieron formar parte del Advance Television System Committee (ATSC). A partir de ese momento, adquirieron tecnologías y equipos para realizar transmisiones experimentales en base al estándar norteamericano e iniciaron gestiones con el gobierno para lograr un marco regulatorio acorde a sus intereses. Así, el 8 de julio de 1997, la Secretaría de Comunicaciones creó la Comisión de Estudios sobre Sistemas de Televisión Digital[104]. Sus objetivos consistían en evaluar los sistemas de televisión digital[105], incluyendo la recepción en HDTV; armar un plan de distribución de canales en las bandas VHF y UHF; realizar un análisis sobre las implicancias económicas que puede tener sobre la población; elaborar un proyecto de normas técnicas de aplicación de los sistemas de televisión digital; establecer normas para la puesta en funcionamiento de los sistemas de TV digital en calidad de prueba. Se determinó un plazo de 180 días para que la Comisión elaborase un Informe final en base a los objetivos mencionados.

La Comisión, que en 1998 mediante la resolución 1637/98 fue ampliada a Comité Consultivo sobre Televisión Digital, quedó conformada por la Secretaría de Prensa y Difusión de la Presidencia de la Nación, el Comité Federal de Radiodifusión (COMFER), Asociación de Teledifusoras Argentinas (ATA), Asociación de Televisión por cable (ATVC) y la Cámara Argentina de Aplicaciones Satelitales (CADAS). Cabe notar que los integrantes provienen del gobierno y de empresas privadas, excluyendo cualquier tipo de participación por parte de la sociedad civil a través de asociaciones de usuarios u organizaciones sin fines de lucro.

El derrotero por la adopción de la norma continuó con la resolución 433/98, sancionada el 12 de febrero de 1998, por la cual Argentina adoptó las recomendaciones para la Región II de la Unión Internacional de Telecomunicaciones (UIT) respecto de las atribuciones de bandas para promover el desarrollo de la televisión digital. La Secretaría de

---

[104] Resolución 2128/97.

[105] En aquel momento, los estándares considerados eran ATSC y DVB.

Comunicaciones (SECOM) se comprometió a "impulsar un sistema que permita el desarrollo de la televisión digital de alta definición, sin desmedro de los avances que se logren en televisión digital estándar y <u>sin que los futuros operadores están obligados a transmitir en HDTV</u>" (el subrayado es propio). Particularmente en lo que respecta a este punto, ya se está anticipando un claro guiño hacia la decisión por el estándar norteamericano que privilegia este tipo de emisiones y, al mismo tiempo, se está otorgando una concesión a los radiodifusores al no obligarlos a transmitir en HDTV que supone altos costos de inversión tanto en equipos como para producir la programación. Otros de los compromisos de la SECOM pasaron por la adopción del ancho de banda de 6 Mhz para canalizar los canales de TV digital, así como también la asignación de canales a los operadores de televisión por un período de tres años para realizar emisiones de prueba.

A su vez, se estableció un plazo de un año para adoptar el estándar de televisión digital.

Luego, el gobierno autorizó la cesión de espectro para realizar pruebas experimentales a tres canales de capital: canal 9, canal 11 y canal 13. En septiembre de 1998, canal 13 de Buenos Aires, perteneciente a Grupo Clarín y afiliado a ATSC al igual que canal 11, realizó la primera emisión de televisión digital en HDTV.

También en septiembre, mediante la Resolución 1945/98, la SECOM convocó a una audiencia pública para el día 22 de dicho mes, para tratar de dar un tinte más "democrático" a una decisión que, en realidad, ya estaba tomada a partir de un acuerdo entre los radiodifusores privados y el gobierno. No es casualidad que los asistentes a la consulta resultaron ser los radiodifusores privados participantes de ATA que hicieron presentaciones individuales en nombre de cada una de las empresas. En este sentido, tampoco resulta azaroso que, según las crónicas periodísticas, en la audiencia se haya observado la clara inclinación sobre ATSC sobre DVB.[106]

---

[106] "TV Digital: los empresarios apoyan la tecnología americana", por Fernanda Longo. Publicada el 23-09-1998 en diario *Clarín*.

El 22 de octubre de 1998, mediante la resolución 2357/98, Argentina adoptó el estándar ATSC bajo los siguientes argumentos: "Que el estándar ATSC ofrecería mejores posibilidades en su adaptación a la actual estructura ordenativa de los sistemas de televisión de alcance nacional [...]. Que por otra parte existen receptores disponibles para su comercialización en el mercado internacional en el estándar ATSC, mientras que en el estándar DVB-T la provisión de televisores se encuentra limitada en la actualidad a anchos de banda de 7 u 8 MHz [...] Que además diversos parámetros de calidad han demostrado ser superiores en el estándar ATSC para un ancho de banda de 6 MHz tales como umbral de relación portadora/ruido (c/n) por ruido térmico o invulnerabilidad al ruido impulsivo, velocidad de transmisión en un mismo ancho de banda, calidad de audio, entre otros. Que las supuestas ventajas atribuibles al estándar DVB-T relacionadas con la utilización de redes únicas de frecuencia (SFN) aplicables en redes sincronizadas que facilitarían la economía de espectro de frecuencias podría resultar en un inconmensurable fracaso con implicancias negativas imprevisibles dado que no existen redes operativas reales sino únicamente se han realizado ensayos de laboratorio [...]"[107]. De las consideraciones anteriores, se hace evidente cómo se intentó justificar con argumentos técnicos una decisión política que venía preparándose desde un tiempo atrás y precipitó una definición convirtiendo a Argentina en el primer país latinoamericano en adoptar la norma de TDT y en uno de los cuatro primeros a nivel internacional que optó por ATSC luego de Estados Unidos, Canadá y Corea del Sur.

La decisión de Argentina tuvo repercusiones negativas por parte de Brasil que acusó al país de violar la Resolución 24/94 del grupo Mercosur que suponía que la adopción de tecnologías debía ser notificada con el mayor tiempo de anticipación posible entre los miembros con el objetivo de lograr un consenso.

Además de las autorizaciones mencionadas previamente a los tres canales de capital (9,11 y 13), entre 1998 y 1999, la SECOM otorgó permisos a al menos 25 canales para la realización de pruebas de Tv

---

[107] Resolución 2357/98.

digital en carácter experimental, de los cuales 11 pertenecían a Telefónica[108]. Los beneficiados fueron el canal 7 de Santiago del Estero (Res. 2.612/98); canal 6 de San Carlos de Bariloche (Res. 2.610/98); canal 12 de Córdoba (Res. 2.611/98); canal 2 de La Plata (Res. 3.459/99); canal 3 de Rosario (Res. 3.457/99); canal 7 de Neuquén (Res. 3.454/99); canal 10 de Mar del Plata (Res. 3.453/99); canal 7 de Capital Federal (Res. 3.462/99); canal 5 de Rosario (Res. 3.458/99); canal 9 de Córdoba (Res. 3.456/99); canal 9 de Mar del Plata (Res. 3.455/99); canal 7 de Mendoza (Res. 3.461/99); canal 9 de Mendoza (Res. 3.460/99); canal 6 de San Rafael (Res 4.098/99); canal 8 de San Juan (Res. 10.845/99); canal 9 de Bahía Blanca (Res. 11.794/99); canal 10 de Junín (Res. 265/99); canal 11 de Salta (Res. 1.637/99); canal 13 de Capital Federal (Res. 6.177/99); canal 11 de Capital Federal (Res. 6.178/99); canal 9 de Capital Federal (Res. 6.179/99); canal 3 de Santa Rosa (Res. 11.793/99); canal 13 de Santa Fe (Res. 1.638/99); canal 9 de Paraná (Res.1.639/99); canal 9 de Resistencia (Res. 1.640/99).

Tal como lo explican Hernández y Postolski (2003), "el nivel de acuerdo entre los protagonistas del mercado que permitió la elección de ATSC, comenzó a alterarse a partir de la modificación en la estructura de propiedad de las principales emisoras, iniciada con el acuerdo entre Telefónica y el fondo de inversión CEI, para dividir los medios de comunicación que compartían. La sanción del decreto 1005/99, conjuntamente con el mencionado proceso de redistribución, posicionó a Telefónica como el principal operador de televisión abierta de Argentina, tras lo cual sus compañías subsidiarias se retiraron de la agrupación estadounidense ATSC". De este modo, en

---

[108] Canales 11 y 9 de Capital Federal (se les renovó en 1999 el permiso otorgado un año antes) más canal 7 de Neuquén; canal 5 de Rosario; canal 8 de Córdoba; canal 8 de Mar del Plata; canal 9 de Bahía Blanca; canal 11 de Salta; canal 9 de Resistencia; canal 9 de Paraná, canal 10 de Mar del Plata, canal 13 de Santa Fe; canal 9 de Mendoza. Si bien no hay registro sobre resoluciones que otorguen permiso al canal 9 de San Salvador de Jujuy y canal 8 de San Miguel de Tucumán, dado que también forman parte de los canales controlados por Telefónica, es posible que se hayan visto beneficiados.

la actualidad sólo grupo Clarín continúa en la organización mientras que Telefónica brinda su apoyo al consorcio DVB.

Ricardo Terán, consultor independiente, aseguró que "la gran mayoría de los canales del interior obtuvo un canal adyacente, lo cual les permitía hacer pruebas de televisión digital sin invertir demasiado. Lo cierto es que casi ninguno hizo nada y una de las pruebas es que no hay casi registros de que se hayan importado los equipos de transmisión necesarios, que no existían en el país. Sin duda fueron asignaciones encubiertas ya que nunca hubo planes de devolución de las frecuencias ni se presentaron informes de las pruebas. Las excepciones a la regla fueron el canal 9 de Mendoza y Telefé. En cuanto al canal mendocino, realizó gran cantidad de pruebas con DVB, lo cual no es casual ya que resulta ser la señal de Roberto Lauro (representante de la organización DVB). Por su parte, canal 7 de Capital Federal nunca hizo pruebas porque le asignaron un canal lejano con lo cual la experimentación tenía un costo muy elevado ya que requería prácticamente armar un sistema nuevo"[109].

En lo que respecta a las actividades de experimentación de TV digital llevadas a cabo por Telefé, Mauricio Franco, Gerente de Transmisión de la Dirección Técnica y operativa de la empresa, comentó que "Grupo Telefé realizó su primera transmisión de Televisión Digital Terrestre para CAPER 1998 con ATSC. En 1999 se realizan las primeras mediciones de campo para observar el desempeño del sistema ATSC y adquirir experiencia en transmisión y recepción de señales HDTV. En 2001 se realiza junto a Canal 8 de Córdoba la primera prueba de transmisión y recepción de HDTV. En 2004, se realiza la primera transmisión en vivo en HDTV desde los estudios de Telefe con el programa de Susana Giménez y VideoMatch de Marcelo Tinelli. Se complementa con flashes de HDTV durante el noticiero de la tarde. En 2005 se inician transmisiones experimentales en DVB-T. En 2006, se instala un nuevo modulador DVB-T en nuestro transmisor de estado sólido y mediante un panel de VHF damos comienzo a transmisiones regulares de DVB-T en VHF. Ese mismo año, Telefé junto a un grupo de empresas que apo-

---

[109] Entrevista realizada para este trabajo a Ricardo Terán, consultor independiente, el 24 de julio de 2008.

yan DVB presentan en la Casa de Gobierno una demostración de las posibilidades de la norma DVB-T y DVB-H para recepción fija y móvil en la banda de UHF. Se realizan pruebas de campo en DVB-T UHF abarcando un radio de 50 km a fin de verificar el comportamiento de la norma para diferentes bit rates y se evalúa calidad de recepción, relación S/N y condiciones de recepción (2007). Entre equipamiento de transmisión y generación digital, Telefé ha invertido aproximadamente US$ 20 millones desde la salida de la crisis de 2002"[110]. Ciertamente, de las acciones mencionadas por Franco sólo pueden tomarse como actividades concretas las realizadas en 2001 con el canal de Córdoba y las emisiones en HDTV de 2004, en ambos casos con la norma norteamericana. El resto se trata sólo de demostraciones en una feria de tecnología (CAPER) con fines autopromocionales.

Tras el fin del mandato de Carlos Menem y asunción de Fernando de la Rúa, su secretario de comunicaciones, Henoch Aguiar, anunció el 4 mayo de 2000 que se iba a revisar la elección del sistema ATSC debido a que "se tomó sobre fundamentos incorrectos, con pruebas inexistentes, sin ningún tipo de coordinación con Brasil y basándose en consideraciones falsas sobre la norma DVB". Dado que se trató de una declaración sólo verbal, la resolución 2.357/98 aún sigue vigente.

La coyuntura política dada por la crisis económico- institucional que se desató en diciembre de 2001 hizo que la actividad relacionada con la televisión digital quedara congelada. Recién volvió a formar parte de la agenda pública durante la presidencia de Néstor Kirchner. La sanción del decreto 527/05 suspendió el cómputo por diez años de las licencias de radio y televisión. Entre algunos de los argumentos esgrimidos se mencionó que la medida iba a incentivar a los dueños de los medios para invertir en la digitalización de sus empresas. Lo cierto es que el decreto se trató de una concesión para los cuatro canales privados de televisión abierta que enfrentaban problemas patrimoniales. Particularmente en los casos de canal 11 y el 13 acababan de recibir la prórroga de sus licencias por diez años, de modo que se aseguraron su permanencia por

---

[110] Entrevista realizada para este trabajo el 21 de mayo de 2008 a Mauricio Franco, Gerente de Transmisión. Dirección Técnica y Operativa de Telefé.

veinte años más. En este sentido, la norma consagró la presencia en el mundo digital de los principales actores del mundo analógico.

En mayo de 2006, bajo la conducción de Guillermo Moreno, la SE-COM sancionó la resolución N°4/06 por la cual se creó la Comisión de Estudio y Análisis de los Sistemas de Televisión Digital que, al igual que la comisión creada en el año 1997, tendría que recomendar el estándar más conveniente para el país. Se determinó que la nueva comisión estaría integrada por un representante de la Secretaría de Medios de Comunicación, un representante de la Subsecretaría de Gestión Pública, un representante del COMFER, un representante de ATA, un representante de ARPA (Asociación de Radiodifusoras Privadas Argentina), un representante de la CNC (Comisión Nacional de Comunicaciones) y un representante de la Secretaría de Comunicaciones. De acuerdo a lo mencionado, es posible dar cuenta que la nueva comisión repite de la anterior el hecho de estar constituida exclusivamente por empresarios y gobierno, sin tener en cuenta bases participativas más amplias que incluyan asociaciones de televidentes, organizaciones sociales, entre otros miembros. En el artículo 5 de la resolución, se establece un período de quince días desde la constitución de la comisión para elaborar un informe que, además de cuestiones técnicas, de cuenta de cómo la norma de TDT impactará en los niveles de inversión previstos por cada uno de los consorcios, la generación de empleo en el país, transferencia tecnológica y pago de *royalties*.

Desde diciembre de 2005 que el lobby de los representantes de los estándares no cesa, entre presentaciones en Casa de Gobierno e invitaciones a los países de origen para conocer los beneficios de la nueva tecnología. En esta oportunidad, pasaron a ser tres las normas en juego, a la norteamericana y la europea, se sumó la japonesa (ISDB-T) que en la década del noventa no había sido objeto de consideración. Al igual que lo mencionado respecto de la falta de participación de la sociedad civil en la Comisión de Evaluación, la parte del proceso referida a las pruebas también se hizo a puertas cerradas. Si bien las actividades (las presentaciones en Casa de Gobierno) tuvieron más publicidad mediática, la ausencia de debate amplio no pudo soslayarse. Respecto de las actividades de la Comisión (si es que en algún momento se hizo algo), nada se supo de sus reuniones, ni deliberaciones, el informe elaborado se mantiene como "el secreto mejor guardado", a pesar de que allí no se explicita ninguna recomendación a favor de una u otra norma.

En el informe final confeccionado por la Comisión se detallan las propuestas de cada uno de los estándares respecto de los criterios mencionados en la resolución 4/06, con excepción de ISDBT, cuyas contraprestaciones casi no aparecen en los ítems a pesar de que la norma sí es considerada en la introducción del informe cuando se ofrece un panorama mundial de la TV digital. En materia de inversiones y transferencia tecnológica, en el caso de ATSC, si bien no se explicita ninguna cifra, se expresa que US Overseas Private Investment Corporation (OPIC) se hará cargo del financiamiento. La propuesta también consiste en el compromiso por parte de LG para establecer una planta en Argentina para producir TV de plasma y LCD. Las firmas Zenith y Dolby se encargarán de invertir en investigación y desarrollo (I+D), mientras que Harris ofrece un descuento a las emisoras por volumen de compra de transmisores.

En lo referente a DVB, **Siemens** ofrece $1 millón (pesos argentinos) para la fabricación de decodificadores y US$ 80 mil para el desarrollo de aplicaciones de software. Por su parte, **Phillips** otorgaría € 1500 millones por año para la fabricación nacional de televisores y set-top-boxes, así como también US$ 500 mil para investigación y desarrollo. **Nokia** propone US$ 700 mil por terminal DVB vendido en el país, es decir que la compañía se compromete a US$ 0,40 por terminal hasta 2010. **Rohde & Schwarz** aseguraron €2,5 millones para el establecimiento de una planta de fabricación de infraestructura de televisión digital en el país. **STMicroelectronics** ofreció apoyo técnico para la fabricación de semiconductores para equipos DVB. Las propuestas de Telefónica y Telecom implican el desembolso de $100 millones (pesos argentinos) y $ 106 millones (pesos argentinos) durante los tres primeros años para servicios multimedia y TV digital. El consorcio DVB manifiesta que la Comisión Europea pondrá a disposición una línea de crédito a través del Banco Europeo de Inversión.

　　　Ana Bizberge

En el caso de ISDBT, las inversiones no fueron estimadas.

Respecto de la generación de empleo, en el caso de ATSC, la empresa LG promete la generación de 500 puestos de trabajo por la instalación de la fábrica mencionada en el punto anterior. Desde el consorcio DVB, Siemens se compromete a dar cuarenta y siete puestos de trabajo, de los cuales cuarenta y cinco responden a la fabricación de decodificadores y dos por desarrollo de software. Además, se prevén veinticinco puestos indirectos relacionados con la industria de decodificadores. En cuanto a Phillips, ofrece setenta y cinco puestos de trabajo para la fabricación de televisores digitales. Por su parte, Rohde & Schwarz asegura ciento cincuenta puestos en la planta de infraestructura de TV digital. En cuanto a Nokia, prevé la incorporación de cuatro o cinco técnicos para I+D. Telecom se compromete a generar doscientos veinte puestos de trabajo y Telefónica, ciento noventa.

Por último, en lo que concierne al pago de *royalties*, si bien el consorcio norteamericano las cobrará, ofrece un acuerdo con el gobierno, estaciones de radiodifusión, fabricantes y vendedores minoristas por el cual Zenith se compromete a reinvertir no menos de 75% de los *royalties* netos recaudados en el país. El consorcio europeo asegura que no cobrará derechos de patente debido a que ninguna de las compañías registró patentes específicas en Argentina por lo que no tiene la obligación de transferir al exterior ningún pago en concepto de *royalties*.

Si bien como se explicitó anteriormente, en el Informe no se realiza ninguna recomendación, a partir de lo expuesto podría inferirse una inclinación hacia DVB. Fuentes cercanas al proceso aseguran que entre octubre y noviembre de 2006, la norma elegida era la europea pero luego llegó el embajador norteamericano y, tras visitar al Ministro de Planificación Julio De Vido y al Presidente Néstor Kirchner, evitó que se seleccionara el estándar DVB. También se dice que Clarín, que con canal 13 hizo una apuesta fuerte a ATSC, no se vería tan perjudicado si se adoptara la norma europea ya que la fusión de Cablevisión y Multicanal podría equilibrar el peso de la decisión. La opción por la norma de TDT no se dio al final del gobierno de Néstor Kirchner ni tampoco en lo que va de la gestión de su sucesora, Cristina Fernández de Kirchner, que no parece tenerlo en consideración para sus planes inmediatos debido a que intenta recomponer la situación política luego de que fuera rechazado su proyecto de retenciones a la exportación de granos por legisladores del oficialismo.

Si bien puede ser cierto que la autorización de la fusión entre Cablevisión y Multicanal[111] por parte de la Comisión Nacional de Defensa de la Competencia (CNDC) serviría de contraprestación del gobierno por la elección del estándar europeo, acorde a los intereses de Telefónica y Telecom, también hay que considerar que, tal como se desprende del dictamen preliminar de la CNDC, la autorización de la fusión de las dos cableras más importantes del país resulta una concesión del Estado al grupo de capitales nacionales (Clarín) para poder hacer frente a la inminente posibilidad de que Telefónica y Telecom comiencen a brindar servicios de *Triple Play*[112]. Las presión de las telefónicas por una modificación del marco legal que les permita dar una oferta paquetizada data al menos desde 2006, ya que forma parte de uno de los compromisos que adoptó el gobierno con las empresas al firmar las Cartas de Entendimiento por la renegociación de sus contratos, aunque por el momento no ha habido una pronunciación definitiva.[113]

---

[111] En diciembre de 2007, la Comisión Nacional de Defensa de la Competencia emitió un dictamen preliminar.

[112] En el dictamen (p. 88) se menciona que Telecom comenzará con un proyecto de despliegue de IPTV (modalidad de *Triple Play* a través del tendido de xDSL) en el primer semestre de 2008 y Telefónica manifiesta estar lista para brindar un servicio de Internet, telefonía y televisión. En la página 91 se asevera que, desde la perspectiva tecnológica, es posible que el *Triple Play* pueda implementarse en el corto plazo pero aún subsisten trabas regulatorias (que son explicitadas en el documento). No obstante, Telecom manifiesta que dichas barreras no son aplicables dado que no se trata de un servicio de radiodifusión sino de valor agregado por lo que no habría impedimentos legales para su desarrollo (p. 94). Por su parte, Telefónica asegura que la regulación no está acorde a los avances tecnológicos en materia de convergencia. Ya no es posible hablar de servicios de telecomunicaciones y servicios de radiodifusión por separado, por lo que propone un cambio normativo (p.95). http://www.mecon.gov.ar/cndc/dictamenes/dictamen_cablevision_multicanal.pdf

[113] Para ampliar información sobre el tema ver Bizberge, A. (2006) "Audiencias públicas por la renegociación de contratos de telefonía". Ponencia presentada en la X Jornadas Nacionales de Investigadores en Comunicación, organizadas por la Red

Las ofertas triple play por parte de los principales operadores de telefonía del país también forman parte de los debates en el marco de la elaboración de un nuevo proyecto de Ley de Servicios de Comunicación Audiovisual que actualmente encara la presidenta Cristina Fernández. Según una nota publicada por Grupo Convergencia, "el nuevo texto no contempla la posibilidad de que Telefónica y Telecom puedan prestar servicios de radiodifusión, como parte de un lineamiento general que orientará la norma y que impedirá la concentración de medios. El criterio piensan extenderlo a las nuevas tecnologías, la TV digital y la TV por línea telefónica (IPTV). La idea no es impedir la convergencia sino evitar la concentración, de modo que Telefónica y Telecom tal como están hoy constituidas societariamente no podrán ofrecer radiodifusión salvo en asociación con empresas de radiodifusión. En materia de TV digital, la ley no dispondrá la norma pero sí la opción por la calidad estándar por sobre la de alta definición, para disponer de más espacio en VHF para multiplicar por cuatro los canales existentes en la actualidad y abrir el juego a más señales que podrían pasar a universidades, sindicatos, organismos sin fines de lucro, el propio Estado y las nuevas licitaciones para radiodifusores privados".[114]

Bien sea por las ofertas *Triple Play* o por la norma de TDT, los dos multimedios más importantes del país tienen posturas encontradas. Particularmente en lo referente a la norma de televisión digital, Telefónica (principal grupo de telecomunicaciones y radiodifusión del país) presiona por la norma europea, por el contrario, Grupo Clarín lo hace por ATSC.

Ricardo Terán, consultor independiente, considera que "nadie se desespera por la decisión de un estándar para TV abierta en un país con una altísima penetración de TV por cable (más del 80% en Ciudad de Buenos Aires y más del 60% a nivel nacional), es decir que la gente no recibe las señales de televisión por aire. Además, en el caso de la

---

Nacional de Investigadores en Comunicación y la Universidad Nacional de San Juan. San Juan, Argentina. 19,20 y 21 de octubre de 2006.

[114] "Los lineamientos del proyecto de Ley de Radiodifusión", publicado como extra por el servicio de noticias vía web "A Diario" de Grupo Convergencia el 29-4-2008.

televisión satelital, ya se utiliza DVB hace años. A esta altura, los dueños de los canales tampoco tienen interés de que salga la norma porque tendrían que hacer grandes inversiones. El único inconveniente respecto de la demora en la elección reside en que las inversiones propuestas por cada uno de los estándares no seguirán vigentes de forma indefinida. Ya resuenan comentarios de pasillo de que existe la posibilidad de que DVB retire su propuesta de inversión en el país [...]. Cuando el negocio cierre, la TV digital va a funcionar por más que el gobierno no haya decidido la norma"[115]. De hecho, en la actualidad, ya existen dos ofertas de TV digital pagas con cada uno de los estándares: desde abril de 2007, Cablevisión (empresa de Grupo Clarín) lanzó su servicio con ATSC, mientas que Antina —empresa de Telcom Ventures que opera en UHF codificado— hizo lo propio con DVB en la zona metropolitana de la Capital Federal y provincia de Buenos Aires.

---

[115] Entrevista realizada a Ricardo Terán, consultor independiente, para este trabajo el 24 de julio de 2008.

Conclusiones

A partir del análisis del proceso de adopción de la norma de TDT a nivel internacional (casos de Estados Unidos, Europa y Latinoamérica), así como también del caso argentino, es posible establecer determinadas tendencias comunes que podrían dar cuenta de un cambio en las políticas públicas de televisión tanto desde la perspectiva regulatoria como de los nuevos actores que comienzan a aparecer como interlocutores privilegiados. En materia de TDT, en Estados Unidos, la directriz que guía el proceso de transición es el mantenimiento de los radiodifusores actuales del mundo analógico que reciben un canal adicional para transmitir en alta definición (HDTV). En términos regulatorios, también se observa una continuidad con el modelo de TV analógica.

Teniendo en cuenta la clasificación de los Estados de Bustamante (2003), se puede decir que el rol del Estado en Estados Unidos oscila entre un carácter "Incitador" de las actividades del mercado a través de subsidios que ayudan a crear demanda y un Estado Regulador (que fija las condiciones de actuación de los agentes sociales). Resulta ilustrativo de lo primero el "Programa de cupón" y los "workshops" educativos para las minorías ya que en ambos casos se trata de un apoyo a los radiodifusores y fabricantes de aparatos que, en última instancia, termina redundando en un "beneficio" para los televidentes. Con respecto al rol de regulador del Estado, si bien es indisociable de lo anterior, se observa cada vez que se otorgan concesiones para modificar (apresurando o retrasando) los plazos de migración, fechas del apagón, lo cual siempre es producto de negociaciones entre los radio-difusores y la FCC. En consecuencia, en ambos casos, el rol del Estado es subsidiario, como garante del buen funcionamiento del mercado. La política de TDT expresa la lucha de los radiodifusores por mantener su lugar de privilegio y el control del espectro ante potenciales competidores, principalmente los operadores de telefonía celular, y los usos estatales para defensa nacional. Con respecto a las empresas de telefonía móvil, demandan espectro para prestar nuevos servicios "de valor agregado" entre los que se incluye la TV móvil y todo lo relacionado con contenidos audiovisuales.

En cuanto a las políticas de la Unión Europea, se observa una doble subsunción: a la política audiovisual de corte económico industrial, y al mercado de las telecomunicaciones. La TDT aparece como una plataforma en competencia con otras como las de la telefonía celular para permitir el acceso a las TICs. De este modo, en forma similar a lo que sucede en el caso norteamericano, su importancia reside en la posibilidad de liberar espectro para ofrecer nuevos servicios de valor agregado que, impulsados desde las redes 3G, se sustentan en una lógica de pago y servicios de recepción individual.

A nivel regulatorio, se observa una división entre infraestructura/redes y servicios en base a la legislación de telecomunicaciones y se priorizan las actuaciones a favor de aquellas. Las intervenciones en la migración deben ser mínimas y no se prevé ningún subsidio, de modo que el costo recae en los consumidores.

A diferencia de Estados Unidos, se privilegian servicios interactivos y multicanal en lugar de la alta definición, lo que en teoría funciona como un indicador de mayores posibilidades de acceso, aunque a la luz de lo explicado, se trata más bien de dar vía libre a procesos convergentes en los que las telcos cobran un rol predominante promoviendo un servicio oneroso. En este sentido, la previsión de la entrada de nuevos operadores debería ser leída en este sentido.

Más allá de las diferencias entre los casos de EE.UU. y los de UE, en ambos se observa la incidencia avasallante de los operadores de telecomunicaciones en el escenario de la televisión, así como también una tendencia a regulación mínima por parte del Estado, no porque esté en retirada, sino más bien en términos de generar un "entorno habilitador" para las condiciones que establezca el mercado. Estos procesos también tienen su réplica en Latinoamérica donde se advierten tendencias comunes como la "homogeneización cultural" en el sentido de que se postulan objetivos idénticos para las políticas de TDT respecto de los centros generadores de tecnologías (reducir la brecha digital, inclusión social, promover la movilidad e interactividad, aprovechamiento del espectro, etc.). Al mismo tiempo, se establecen cronogramas de migración que actúan como corsé para marcar los ritmos de acuerdo a las necesidades de mercados internacionales pero, a su vez, son lo suficientemente flexibles para no afectar el modelo de radiodifusores actual.

Otra de las tendencias en Latinoamérica en consonancia con los centros de poder es la subsidiariedad del Estado y la escasa participación de la sociedad civil en las instancias decisorias (comisiones de estudio o audiencias, si las hay). Es el mercado el que diseña las políticas públicas bajo la presión cada vez mayor del sector de las telecomunicaciones. En este sentido, se advierte que en la mayoría de los países de la región, los organismos reguladores que rigen el proceso de adopción de la norma son los entes de telecomunicaciones.

El panorama latinoamericano muestra una relación de fuerzas aún indefinida respecto a los centros desarrolladores de tecnológica. México y Honduras optaron oficialmente por la norma norteamericana y existen países centroamericanos como Guatemala y Costa Rica donde también se opera con dicho estándar, aunque no de modo oficial. Es probable que toda Centroamérica termine adoptando ATSC oficialmente o por "default" debido a la influencia norteamericana a través de Tratados de Libre Comercio así como también debido a que se presenta como la opción "natural" ya que en el entorno analógico se usa NTSC. A su vez, en lo que respecta a las telecomunicaciones, la empresa mexicana América Móvil (de Carlos Slim) tiene gran peso en la región, incluso tal vez más que Telefónica.

Como se explicitó en el capítulo dedicado al análisis de casos latinoamericanos, los países que ya eligieron la norma replican el modelo norteamericano en términos de privilegiar transmisiones en HDTV y la promoción de convergencia a través de la posibilidad de que los radiodifusores brinden servicios de telecomunicaciones. En el caso de México, para salvaguardar la posición de los radiodifusores, tal como sucedió en Estados Unidos a fines de los noventa, cuando se llegó a dicho acuerdo con el regulador para que no perdieran su espectro. En este sentido, también se observan esfuerzos mancomunados con la industria de la TV por cable tanto en EE.UU. a través de la "Dual Carriage Law" como en México en el Acuerdo Ministerial que establece la política, dado que es un modo de llevar a cabo la migración en países donde la población recibe el servicio de televisión por esta vía más que por la TV de antena.

En cuanto a Honduras, se contemplan procesos convergentes pero dados más bien desde las posibilidades de la movilidad y nuevas aplicaciones. De todos modos, ni en este país ni en México, los radiodifusores han incursionado en este tipo de ofertas aún (de hecho, en Honduras no se fijó plazo para las emisiones de TV).

La principal diferencia que se observa en estos casos latinoamericanos respecto de Estados Unidos se encuentra en el rol "incitador" del Estado dado que no se contempla la posibilidad de un subsidio a la población para la adquisición de equipos, sino que los costos de migración corren por cuenta de los televidentes.

En el caso de Uruguay, la opción fue por el estándar DVB de la Comunidad Europea. De este modo, el país se convirtió en el primero de Latinoamérica en adoptar la norma, aunque no comenzó sus emisiones ni fijó plazos para hacerlo. De la misma forma que se observa en la región de origen del estándar, en el país, a través de los documentos oficiales, se advierte la importancia asignada a la interactividad y la movilidad. Con respecto a esto último, cabe destacar que Uruguay no sólo se decidió por la norma para televisión terrestre (abierta y gratuita) sino que además, ya arriesgó una definición para TV móvil con el estándar DVB-H, lo cual sin duda marca una clara tendencia hacia un modelo de negocio que incluye al operador telefónico en la búsqueda de economía de escala a partir de GSM.

En lo que respecta a Brasil fue el segundo país Latinoamericano en decidir la norma de TDT al optar por ISDBT para el desarrollo de su propio sistema. De este modo, quiso establecerse como pionero en la promoción de la industria nacional, a partir de los aportes mínimos circunscriptos especialmente al *middleware Ginga*.

El modelo de TDT presenta como característica distintiva respecto de los casos comentados anteriormente, la previsión de utilizar el espectro liberado para cuatro señales (canal del Poder Ejecutivo, canal de la ciudadanía, canal de educación y canal de cultura), llamadas a cumplir objetivos de inclusión social. Si bien es notable que una iniciativa de este tipo forme parte de la política en la materia, lo cierto es que responde a un solo actor que es el Estado, con lo cual la pretensión de pluralidad queda opacada.

Previo a la adopción de ISDBT por parte de Brasil, los japoneses no tenían verdaderas posibilidades de llegar a los países de la región para competir con ATSC y DVB, dado que empresas y gobiernos esgrimían sus apoyos para definir la norma teniendo en cuenta sus relaciones bilaterales con Estados Unidos y/o Europa. Así, se puede dar cuenta de un vuelco inesperado por el cual, a través del *"lobby* brasileño", el estándar japonés comenzó a ser tenido en cuenta, tal vez desplazando a ATSC (excepto en centroamérica) y posicionándose como opción firme ante DVB.

La presencia brasileña podría tener una incidencia decisiva en los bloques comerciales del Mercosur (excepto Uruguay que definió DVB) y la Comunidad Andina. Respecto del primero, de los países analizados, Chile que participa como asociado en el bloque, mostró su predilección por ISDBT en el informe de DICTUC, aunque son fuertes las presiones por DVB por parte de la SUBTEL, operadores y cámaras ligadas a los operadores de telefonía. En Venezuela (que firmó su adhesión al Mercosur en 2006), durante 2007 se hicieron pruebas con ambos estándares. En el caso de Argentina, si bien el tema está congelado, no debe olvidarse que Brasil es su principal socio comercial.

En lo referente a los países de la Comunidad Andina (Colombia, Ecuador, Bolivia, Perú), más allá de las relaciones que puede establecer cada país individualmente, en la Conferencia Mundial de Radiocomunicadores 2007, a nivel bloque se negoció que Brasil extendía hasta 2010 el plazo para que los países Andinos utilizaran su posición orbital (67°Oeste) para su satélite, a cambio de que se comprometieran a evaluar la adopción del sistema japonés.

Si Brasil logra conseguir adeptos en su "cruzada" se consolidaría como principal productor de la región. Incluso, no habría que descartar la posibilidad de que termine perfeccionando su estándar (SBTVD) de modo que esté listo para exportar y salga a buscar alianzas en la región, olvidándose de los japoneses. Con o sin promocionar ISDBT, al mismo tiempo, Brasil conseguiría la economía de escala necesaria para bajar los costos de los equipos, sobre todo en lo que hace a dispositivos para TV móvil que brinden compatibilidad entre GSM y One Seg para así desarrollar el negocio.

En cuanto al caso argentino, la elección de la norma se trata de una lucha de intereses entre los dos multimedios más importantes del país: Clarín y Telefónica. Mientras que el primero brega por el estándar norteamericano, el segundo, por el europeo. Si bien Clarín lleva la bandera del "gran grupo nacional" y por eso siempre consigue prerrogativas del Estado, lo cierto es que Telefónica ha cobrado una fuerza inusitada posicionándose como el mayor representante de la TV abierta (a través de Telefé y los canales del interior) y además, como el principal exponente de la telefonía.

Desde la primera elección del estándar en 1998, ATSC ha ido perdiendo fuerza frente a DVB. Si bien en nuestro país en aquella oportunidad no fue considerada la norma japonesa, en 2006 sí lo fue, aunque casi como una "fantochada" de pluralidad de opciones propio de un proceso democrático porque, como se desprende del análisis del Informe final, casi no fue tenido en cuenta a la hora de hacer una evaluación. Sin embargo, tal como se comentó anteriormente a nivel regional, la adopción de ISDBT por parte de Brasil abrió un nuevo escenario y en Argentina no habría que desestimar su potencial.

De todas maneras, el proceso de elección del estándar se encuentra en suspenso por el momento debido a la coyuntura política originada por la situación de tensión entre el gobierno y el campo por la política de retenciones del agro. Además, en términos específicos de radiodifusión, ha cobrado interés un proceso de mayor magnitud que, en cierta forma incluye a la norma: los debates por un nuevo proyecto de Ley que permita reemplazar a la 22.285 que data de la dictadura militar.

Más allá del estándar que finalmente se adopte o más bien se "reelija", lo que ha quedado claro respecto de los dos procesos emprendidos (1997/1998-2006) es que las organizaciones de la sociedad quedan excluidas de las comisiones y de las instancias decisorias. Los únicos interlocutores a la hora de pensar en definiciones son los consorcios internacionales y las grandes empresas del sector que se convierten en los gestores de las políticas públicas en la materia.

A partir de lo expuesto, se abren interrogantes para futuras investigaciones: ¿Cuáles serán los modos posibles en los que convergerán las industrias televisivas (en general, no sólo de TV abierta) y de telecomunicaciones en Argentina y en Latinoamérica? ¿Cómo influirá la convergencia en las políticas públicas de televisión? ¿Es posible hablar de un cambio de paradigma? ¿Cuáles son sus principales características y en qué se diferencia del anterior?

Bibliografía

Abeles, Forcinito, Schorr (2001), *El oligopolio telefónico Argentino frente a la liberalización del mercado*. Colección Economía política Argentina, dirigida por Eduardo Basualdo. Universidad Nacional de Quilmes.

Acuña, C y Smith, W. (1996), "La economía política del ajuste estructural: la lógica de apoyo y oposición a las reformas neoliberales. En *Desarrollo Económico*, Vol. 36, N° 141, Buenos Aires, IDES, abril-junio de 1996.

Albornoz, L y Hernández, P. (2005), "La radiodifusión en Argentina entre 1995-1999: concentración, desnacionalización y ausencia de control público" en *Mucho ruido y pocas leyes. Economía política de comunicación en la Argentina (1920-2004)*. Mastrini, G. (editor) La Crujía. Buenos Aires.

Becerra, M. (2000), *De divergencia a la convergencia en la sociedad informacional: fortalezas y debilidades de un proceso inconcluso*. En revista Zer N° 8, mayo. http://www.ehu.es/zer/zer8/8becerra5.html

Becerra, M. (2007), Charla debate en la Facultad de Ciencias Sociales, UBA "Audiencias Públicas sobre el acuerdo entre el Estado y las Telefónicas". 19 de abril, organizada por las cátedras de Políticas y Planificación de la Comunicación y Legislación Comparada.

Bizberge, A. (2006), "Audiencias públicas por la renegociación de contratos de telefonía". Ponencia presentada en la X Jornadas Nacionales de Investigadores en Comunicación, organizadas por la Red Nacional de Investigadores en Comunicación y la Universidad Nacional de San Juan. San Juan, Argentina. 19, 20 y 21 de octubre.

Britos, Valerio C. (2003); *Oligopolios mediáticos: La televisión contemporánea y las barreras de entrada*, *Revista Telos*, N° 56, julio-septiembre.

Burch, S. León, O. y Tamayo, E.(2003) "Se cayó el sistema": enredos de la Sociedad de la Información, Agencia Latinoamericana de Información, noviembre, Quito (pp. 137-162).

Bustamante, E. (1999), *La televisión económica. Financiación, estrategias y mercados*, Editorial Gedisa, Barcelona.

Bustamante, E. (2003), *Hacia un nuevo sistema mundial de comunicación. Las industrias culturales en la era digital*. Barcelona: Gedisa.

Bustamante, E. (2006), "Diversidad en la era digital: la cooperación iberoamericana cultural y comunicativa", en revista *Pensar Iberoamérica* N° 9, julio-octubre.

Cafassi, E. (1998), "Bits, Moléculas, y Mercancías (Breves anotaciones sobre los cambios en el submundo de las mercancías digitalizadas)". En Finquelevich S., y Schiavo, E (comps), *La ciudad y sus TICs*. Buenos Aires., Sudamericana.

Califano, B. "La cumbre de las (precarias) soluciones". En Mastrini, G y Califano, B. (comp.) *Sociedad de la Información en la Argentina. Políticas públicas y participación social*. Fundación Frederich Erbert. Argentina.

Caparelli, S. (2000), "La periodización en los estudios sobre televisión". En *Al fin solos...: la nueva televisión del Mercosur*. Albornoz, L (coord.) Ed. La Crujía. Buenos Aires.

Caron Caroline (2006), "Canadá-Tailandia: análisis comparativo de políticas públicas." En *Revista Telos*, N° 68, julio-septiembre.

http://www.campusred.net/telos/articuloperspectiva.asp?idarticulo=1&rev=68

Castells, M. (1995), "El modo de desarrollo informacional y la restructuración del capitalismo". En *La ciudad informacional*. Editorial Alianza, Madrid.

Datos de poder adquisitivo de la población en página web del FMI.

De Charras, D. (2006), *Redes, burbujas y promesas. Algunas reflexiones críticas acerca del proyecto Sociedad de la Información y la nueva economía*. Prometeo. Buenos Aires.

Demostración de DVB-T en CAPER Show 2007 (del 31 de octubre al 2 de noviembre). Costa Salguero. Buenos Aires. Argentina.

Foro Técnico de la Televisión Digital (2005), "Televisión Digital: adaptarse hoy para la nueva televisión". España, junio.

Frau Meigs, D (2002), *"Excepción Cultural", políticas nacionales y mundialización: factores de democratización y de promoción de lo contemporáneo*. En *Quaderns* N° 14, septiembre-diciembre.

Galperín, H. (2004), *New TV, Old politics:The Political Economy of Digital Television in the United States and Britain*. Cambridge: Cambridge University Press.

Galperin, H.(2003), "Comunicación e integración en la era digital. La transición hacia la televisión digital en Brasil y Argentina", en *Revista Telos*, N° 55, Madrid.

García Leiva, T. (2006), "Políticas europeas de televisión digital terrestre. Antecedentes, caracterización y alternativas", en Revista *Latinoamericana de Comunicación Social* 61.

Garnham, N. (1979), "La cultura como mercancía". En *Ikon*. Rivista dell'Istituto Agostino Gemelli, nueva serie, Franco Angeli Editore, N° 3.

Garnham, N. (1999), "El desarrollo del multimedia: un desplazamiento de la correlación de fuerzas", en *Presente y Futuro de la televisión digital*. Bustamante y Álvarez Monzoncillo (eds.).

Garnham, N. (1991-1992), "La economía política de la comunicación. El caso de la televisión", en *Revista Telos* N° 28. Madrid, diciembre-febrero.

GAPTEL (2006), "El mercado de contenidos.El papel de los operadores de telecomunicaciones", en *Revista Telos* N° 69, octubre-diciembre.

Gindre, G. "Agenda de regulação: Uma proposta para o debate". en *Comunicação digital e a construção dos commons: Redes virais, espectro aberto e as novas possibilidades de regulação*.Silveira, Benkler, Werbach, Brant, Gindre. Fundação Perseu Abramo.

Gómez Germano, G. (2007*), La radio y la televisión en la era digital. Oportunidades, desafíos y propuestas para garantizar la diversidad y el pluralismo en los medios*. C3 – Centro de Competencias en Comunicación. Fundación Friedrich Ebert, febrero.

Gómez. G., "Amenazas y oportunidades para la diversidad cultural: La CMSI entre la OMC y UNESCO", Documento elaborado para el Instituto del Tercer Mundo (IteM), 2005. En WSIS Papers.Choike.org

GSM LA (2007), "Televisión Digital Terrestre y consideraciones para la industria móvil". En GSM Latin America Vision, abril.

Hernández, P y Postolski, G. (2003), "Ser Digital. El dilema de la televisión ditial terrestre en América Latina", en *Revista Telos* n° 57. Madrid, octubre-diciembre.

Hernández, P y Postolski, G. "La Televisión Dilemática, sus problemas terrestres, el derecho a la comunicación y las políticas públicas en el nuevo sistema digital" (mimeo).

Herscovici, A., Bolaño, C.Y Mastrini, G. (1999), "Economía Política de la Comunicación y la Cultura: una presentación.", en *Globalización y Monopolios en la comunicación en América Latina*. Ed. Biblos. Buenos Aires.

Indicadores de la TDT en Europa. En Impulsa TDT, España http://www.
impulsatdt.es/home/observatorio/indicadores

Indicadores de migración de estaciones en National Association of Broadcasters (NAB): http://www.nab.org/AM/ASPCode/DTVStations/
DTVStations.asp

Indicadores de penetración de TV paga en National Cable & Telecommunications Association (NCTA): http://www.ncta.com/Statistic/Statistic/
Statistics.aspx

Información de ATSC del sitio web: http://atscforum.org/

Información de DTMB en: http://www.ofta.gov.hk/zh/tas/others/
ta20070604.pdf

Información de DVB del sitio web: http://www.dvb.org/

Información de ISDBT del sitio web de DiBEG (Digital broadcasting Expert
Group): http://www.dibeg.org/ y AIRB (Assossiation of Radio Industry
and Business) http://www.arib.or.jp/english/

Informe de GAPTEL (Grupo de Análisis y Prospectiva del sector de Telecomunicaciones). Televisión Digital. Marzo 2005. Red Es. Madrid.

Informe Digital America (2007), elaborado por Consumer Electronic Association (CEA) http://www.nxtbook.com/nxtbooks/cea/digitalameri-
ca07/

Jan van Cuilenburg y Denis McQuail (2003), "Cambios en el paradigma de
política de medios. Hacia un nuevo paradigma de políticas de comunicación", en *European Journal of Communication*, Vol. 18. N° 2, Sage, Londres,
pp 181-207.

Jensen, C. (2006), "Propuesta propuesta para la construcción de la sociedad
de la información y el conocimiento en Argentina", en Mastrini, G y Califano, B. (comp.) *Sociedad de la Información en la Argentina. Políticas públicas y
participación social*. Fundación Frederich Erbert. Argentina.

Kracoviac, F. (2007), "La migración del sistema de televisión analógico al
digital y las disputas que genera por el dominio del mercado. El caso
argentino". Ponencia presentada en las XI Jornadas Nacionales de Investigadores en Comunicación, organizadas por la Red Nacional de Investigadores
en Comunicación y la Universidad Nacional de Cuyo, Mendoza, Argentina.
4, 5 y 6 de octubre.

Lacroix, JG; Miège, B; Moeglin, P; Pajon, P; Tremblay, G. (1993), "La convergencia entre telecomunicaciones y audiovisual. Por una renovación de
perspectivas", en *Revista Telos* N° 34, junio-agosto.

http://www.campusred.net/telos/anteriores/num_034/cuaderno_central1.html

López, A. (2000), "Funcionamiento de los mecanismos de control social sobre la gestión privada de servicios públicos: potencialidades y limitaciones de la audiencia pública convocada durante el apagón". Serie II Estado y Sociedad, documento N° 35, en INAP www.inap.gov.ar

Loreti, D. (2006), "Distintos tratamientos de la diversidad cultural : CMSI, UNESCO y OMC", en Mastrini, G y Califano, B. (comp.) *Sociedad de la Información en la Argentina. Políticas públicas y participación social*. Fundación Frederich Erbert. Argentina.

Mastrini G y De Charras D. (2004), *Veinte años no es nada: del NOMIC a la CMSI*, ponencia al Congreso IAMCR 2004, Porto Alegre, Brasil.

Mastrini, G y Becerra, M. (2006), *Periodistas y Magnates. Estructura y concentración de las industrias culturales en América Latina*. Prometeo. Buenos Aires.

Mastrini. G. "Palabras finales", en Mastrini, G y Califano, B. (comp.) *Sociedad de la Información en la Argentina. Políticas públicas y participación social*. Fundación Frederich Erbert. Argentina.

Murdock, G y Golding, P (1981), "Capitalismo, comunicaciones y relaciones de clases", en Curran, James; Gurevitch, Michael y Woollacot, Janet (coords.): *Sociedad y comunicación de masas*, Fondo de Cultura Económica, México.

Negroponte, N.(1995), *Being Digital*. Vintage Publishing extracts en http://archives.obs-us.com/obs/english/books/nn/ch13c01.htm

Oszlak, O., O'Donnell, G. (1984), "Estado, políticas estatales en América Latina: Hacia una estrategia de investigación", en Kliksberg, B.Y Selbrandt, J. (comp.) *Para investigar la administración pública. Modelos y experiencias latioamericanos*. INAP, Alcalá de Henares,.

Pasquali, A. (2002), *¿Y por qué no una sociedad de la comunicación?*, en *Revista de Economía Política de las Tecnologías de la Información y Comunicación*; www.eptic.com.br Vol IV, N°2, mayo-agosto, pag. 4-16.

Patxi Azpillaga, Juan Carlos de Miguel, Ramón Zallo (1998), "Las industrias culturales en la economía informacional Evolución de sus formas de trabajo y valorización", en *Revista Zer* N° 5. http://www.ehu.es/zer/zer5/2azpillaga.html

Pérez Martínez, J. (2006), "El impacto de la asimetría regulatoria en la distribución de contenidos digitales on line", en *Revista Telos* N° 69, octubre-diciembre.

Prado E., García, N. (2003), "La apuesta por los broadcasters y por la alta definición. Panorama de la TDT en Estados Unidos", en *Revista Telos* N° 57. Madrid, octubre-diciembre.

Prado, E. (2003), "Virtudes, Funciones y futuro de la TDT en la Sociedad de la Información", en *Revista Telos* N° 57, octubre-diciembre.

Presentación de Eladio Gutiérrez, director de RTVE Digital (España)(2008), "La televisión digital terrestre en Latinoamérica", en AndinaLink 2008. Cartagena de Indias (Colombia). 26-28 de febrero.

Presentación de Juan Pablo Torres, Director de Desarrollo de Negocios de Alcatel Lucent, sobre TV móvil. Evento de Móviles 2008 Cono Sur 5° Edición, organizado por Grupo Convergencia. 4-5 de junio, Buenos Aires (Argentina).

Presentación Doménech Sesmilo I Rus, Conseller, Consejo Audiovisual de Cataluña (2008), "La nueva directiva europea de servicios audiovisuales", en AndinaLink 2008. Cartagena de Indias (Colombia). 26-28 de febrero.

Presentación Eiji Poppongi, representante en Sudamérica de DiBEG, "ISDB-T internacional. Aporte para la democratización de informaciones", en la Clase Abierta sobre TV digital ISDB-T realizada el 22 de junio de 2007 en la Universidad de Palermo (UP) Organizado por la Facultad de Ingeniería de UP; Comisión Interna sobre TV digital (COPITEC); Comisión CEyTIC (CAI).

Punie, Y., Burgelman, J.C. y Bogdanowicz, M. (2002), "El futuro de las industrias de los medios informativos: Factores de cambio y escenarios posibles para 2005 y después", en *Revista Telos*, N° 53.

Resumen Ejecutivo del Informe Digital America 2008 de Consumer Electronic Association (CEA) http://www.ce.org/PDF/2k8_DA_Preview.pdf

Riccchieri, G. (1994), *La transición de la televisión* (fragmentos), Bosch Comunicación, Barcelona.

Rodríguez Canfranc, P. (2006), *Un sector joven con rápidos cambios. Tendencias en la in-dustria de contenidos*, en *Revista Telos* N° 69, octubre-diciembre.

Rossi, D. (2005), "La radiodifusión entre 1990-1995: exacerbación del modelo privado comercial" en *Mucho ruido y pocas leyes. Economía política de comunicación en la Argentina (1920-2004)*. Mastrini, G. (editor) La Crujía. Buenos Aires.

Smythe, Dallas (1977), "El agujero negro del marxismo". Trad. De Communication: a Blidspot of Western Marxism. Canadian Journal of Politiacl and Social Theory, Vol. I. N° 3.

Surís, J. (2006), "Sacar ventajas de los riesgos. Economía de la información", en *Revista Telos* N° 69. Madrid, octubre-diciembre.

Van Audenhove, l. Burgelman, JC; Nulens, G. Cammaerts, B. (1999), *Information Society Policy in the developing world: a critical assessment*, en Third World Quarterly, Vol 20 Issue 2.

Villanueva, E. (2000), *Convergencia multimedia: más allá de la Internet.* En Diálogos de la Comunicación. Edición 59-60. Octubre 2000 http://www.dialogos-felafacs.net/dialogos_epoca/pdf/59-60-21EduardoVillanueva.pdf

Zallo R. (1988) *La formación de valor en las industrias culturales*

Vercelli, A. (2009), Repensando los bienes intelectuales comunes: análisis socio-técnico sobre el proceso de co-construcción entre las regulaciones de derecho de autor y derecho de copia y las tecnologías digitales para su gestión. Tesis doctoral. Disponible en http://www.arielvercelli.org/rlbic.pdf

Entrevistas

Entrevista a Juan Carlos Guidobono, representante de ATSC. 1° Noviembre 2007.

Entrevista a Eladio Gutiérrez, director de RTVE Digital de España en el marco de CAPER Show 2007 (31 de octubre al 2 de noviembre de 2007).

Entrevista a Eiji Roppongi, representante en Sudamérica de DiBeg. Julio 2007.

Entrevista a Olimpio Franco, Director de Tecnología de SET (Sociedad de Ingeniería de Televisión de Brasil). 30 de junio de 2007.

Entrevista a Pablo Bello, subsecretario de telecomunicaciones de SUBTEL, el 24 de enero de 2008.

Entrevista a Ricardo Terán, consultor independiente, el 24 de julio de 2008.

Entrevista a Mauricio Franco, Gerente de Transmisión. Dirección Técnica y Operativa de Telefé, realizada el 21 de mayo de 2008.

Normativas

Unión Europea y Estados Unidos

Directiva Europea de servicios de medios audiovisuales (Dic 2007) en Parlamento Europeo: http://eurlex.europa.eu/smartapi/cgi/sga_doc?smartapi!celexplus!prod!DocNumber&lg=es&type_doc=Directive&an_doc=2007&nu_doc=65

Todos los documentos legales sobre TDT en Estados Unidos desde 1994 hasta la actualidad en la Federal Communication Commission (FCC) en http://www.dtv.gov/inthenews.html
Modificaciones al cronograma del apagón.
"Second Report and Order and Second Memorandum Opinion and Order" (agosto de 2002). Modificado en 2005.
FCC aprueba fabricación de TV "plug and play" (septiembre de 2003)
"Pograma del cupón" (marzo 2007).
Realización de "workshops" para las minorías.
Comunicado de definición de los canales que se operarán en la post transición (agosto 2007).

México

"Acuerdo para el estudio, evaluación y desarrollo de tecnologías digitales en materia de radiodifusión".6 de julio de 1999. SCT http://dgsrt.sct.gob.mx/fileadmin/ligas/Diario/diarioof3.pdf

"Acuerdo por el que se adopta el Estándar Tecnológico de Televisión Digital Terrestre y se establece la Política para la Transición a la Telvisión Digital Terrestre en México" 2 de julio de 2004. Secretaría de Comunicaciones y Transportes (SCT) http://dgsrt.sct.gob.mx/fileadmin/TDT/Pol_tica_de_la_TDT_01.pdf

"Estado que guarda en México la transición de la televisión analógica a la digital", documento informativo presentado por la delegación de México; punto del temario 4.4. En IX Reunión del Comité Consultivo Permanente II: Radiocomunicaciones incluyendo radiodifusión. Del 17 al 20 de abril de 2007. San Salvador, El Salvador. Comisión Interamericana de Telecomunicaciones (CITEL), Organización de Estados Americanos (OEA).

Brasil

Decreto n° 4901: se instituye el sistema brasilero de TV digital (SBTVD).
Decreto 5820: se elige ISDB-T.
Decreto ministerial n° 571 el 8 de agosto de 2006: creación del Foro de TV digital.
La Resolución 407 del 10 de junio de 2005 establece el PBTVD.
Decreto n° 652 del 10 de octubre de 2006: establece cronograma de implementación de la TDT.

Uruguay

Decreto 262/06: creó la Comisión Nacional de Televisión Digital Terrestre Abierta (CNTDTD).

Decreto de adopción de DVB-T y H (sin número) del Ministerio de Industria, Minería y Energía. 27 de agosto de 2007.

Honduras

Resolución 001/07: adopción ATSC.

Resolución NR 031/05.

Chile

"Libro Verde para la introducción de la Televisión digital terrestre en Chile" http://www.cntv.cl/link.cgi/Publicaciones/179

Informe final de DICTUC. 10 de octubre de 2006.

http://www.subtel.cl/prontus_tvd/site/artic/20070315/asocfile/20070315173311/estudio_uc.pdf

Resolución 53: licencia de experimentación para la Universidad Católica.

X Reunión del Comité Consultivo Permanente II de CITEL: Radiocomunicaciones incluyendo radiodifusión. Realizado del 31 de julio al 3 de agosto de 2007 en Orlando, Florida, Estados Unidos. "Contribución para la revisión del documento Guía de implementación de Radiodifusión de Televisión Digital Terrenal de CITEL. Pruebas de campo experimentales que se llevan a cabo mediante piloto de televisión digital terrestre en Chile". Punto 4.4 del temario.

Informe sobre pruebas de campo (Informe n° 460608), elaborado por DICTUC el 6 de diciembre de 2007.

http://www.subtel.cl/prontus_tvd/site/artic/20071213/asocfile/20071213180041/informe_pruebas_de_campo_131207_final.pdf

Decreto 136 de 2009, consultado en http://www.subtel.cl/prontus_tvd/site/artic/20091019/asocfile/20091019091832/tvd_09d_0136.pdf

Resolución Exenta N° 5.190 de 2009, consultado en http://www.subtel.cl/prontus_tvd/site/artic/20100106/asocfile/20100106113006/resex_5190_09_crea_comision_tdt.pdf

Resolución Exenta N° 7.219 de 2009, consultado en http://www.subtel.
cl/prontus_tvd/site/artic/20100106/asocfile/20100106113006/09_
res7219.pdf

Venezuela

Información de la página web de CONATEL.
http://www.minci.gov.ve/pagina/1/14783/la_television_digital.html
X Reunión del Comité Consultivo Permanente II de CITEL: 31 de julio al 3
de agosto realizada en Orlando, Florida, EEUU. "Avances del Estudio de
la TV Digital Terrestre en Venezuela".
Presentación del ex Ministro de Telecomunicaciones Jesse Chacón. "Proyecto
y visión de la Televisión Digital Terrestre". 25 de junio de 2007.

Colombia

"Plan para la implementación de la Televisión Digital en Colombia".
Creación del Consejo Asesor y un Comité técnico http://www.cntv.org.co/
cntv_bop/tdt/contenido9.html
Acta 1215 del 17 de enero de 2006.
Acta 1827 del 9 de noviembre de 2006.

Perú

Resolución n°645-2006, MCT.
Resolución Suprema N° 010-2007-MTC.
Resolución N° 396-2007-MTC/03.
Resolución 093-2007- MTC.
Resolución 005-2008.
Resolución 022-2008.
Resolución 036-2008.
Resolución 082 de 2009.

Argentina

Resolución 24/94 del grupo Mercosur.
Resoluciones de la SECOM.
Resolución 2128/97.
Resolución 1637/98.

Resolución 433/98.

Resolución 1945/98.

Resolución 2357/98.

Res. 2612/98.

Res. 2610/98.

Res. 2611/98.

Res. 3459/99.

Res. 3457/99.

Res. 3454/99.

Res. 3453/99.

Res. 3462/99.

Res. 3458/99.

Res. 3456/99.

Res. 3455/99.

Res. 3461/99.

Res. 3460/99.

Res. 4098/99.

Res. 10845/99.

Res. 11794/99.

Res. 265/99.

Res. 1637/99.

Res. 6177/99.

Res. 6178/99.

Res. 6179/99.

Res. 11793/99.

Res. 1638/99.

Res.1639/99.

Res. 1640/99.

Res. n°4/06.

Vista del Informe Final de la Comisión.

Dictamen de la Comisión Nacional de Defensa de la Competencia que autoriza la fusión entre Cablevisión y Multicanal.

http://www.mecon.gov.ar/cndc/dictamenes/dictamen_cablevision_multicanal.pdf

Decreto 1148/2009 consultado en Infoleg: http://www.infoleg.gov.ar/infolegInternet/anexos/155000-159999/157212/norma.htm

Resolución 813 del COMFER, consultada en: http://www.infoleg.gov.ar/
infolegInternet/anexos/160000-164999/160934/norma.htm
Para más información, remitirse a la Ley de Servicios de Comunicación
Audiovisual disponible en: http://www.infoleg.gov.ar/infolegInternet/
anexos/155000-159999/158649/norma.htm
Documento "Planificación estratégica para la implementación del
SATVD-T"

Artículos periodísticos

"ATSC Forum celebra la decisión de Honduras de adoptar ATSC", publicada
el 19 de enero de 2007 por ATSC Forum en su sitio web: www.atscfo-
rum.org.
Comunicado de la Unión Internacional de Telecomunicaciones sobre la Reunión de Radiocomunicadores 2007. Octubre 2007.
"Comenzó la licitación de licencias para la banda de 700 MHz.". Publicado
en Convergencialatina el 28-01-2008. http://www.convergencialatina.
com/noticia.php?id=90919
"Europa gana terreno en la disputa por el mercado latinoamericano de televisión digital", en sitio web de Convergencialatina, 16-10-07.
http://www.convergencialatina.com/noticia.php?lang=1&id=88509
"FCC Adopts Dual-Carriage, Program-Access Items". 12-9-2007 en http://
www.broadcastingcable.com/article/CA6477710.html
"FCC Adopts Post-Digital Transition "Must-Carry" Rules, Extends Ban on
Exclusive Programming Contracts, and Opens Inquiry Into "Tying" Agre-
ements". 14 de septiembre de 2007 en http://www.broadcastlawblog.
com/archives/digital-television-fcc-adoptspostdigital-transition-mustca-
rry-rules-extends-ban-on-exclusive-programming-contracts-and-opens-
inquiry-into-tying-agreements.html
"Finalizó la subasta de frecuencias de 700 MHz y se recaudaron US$ 19.590
millones". Publicado el 24-03-08 en Convergencialatina. http://www.
convergencialatina.com/noticia.php?id=92219
"Japón propuso no cobrar derechos de patentes del estándar ISDB para TV
digital", publicado el 20-11-07 en Convergencialatina.
http://www.convergencialatina.com/noticia.php?id=89489/
"La CE ofrecerá US$ 9.000 millones para planes TIC si se elige DVB-T como
norma de TV digital" publicado el 24-06-08 en Convergencialatina http://
www.convergencialatina.com/noticia.php?id=94697

"La CNTV hará cinco foros de Televisión Digital en julio", publicada el 18-06-08 en Convergencialatina http://www.convergencialatina.com/noticia.php?id=94536

"La CNTV retrasó la adjudicación del tercer canal de TV y la elección del estándar de TDT" publicada el 21-05-08 en Convergencialatina http://www.convergencialatina.com/noticia.php?id=93761

"La CNTV otorgó las frecuencias de televisión digital", publicado el 11 de febrero de 2010 en Convergencialatina: http://www.convergencialatina.com/noticia.php?id=107563

"La encuesta sobre consumos de TV reveló el 28% de los encuestados compraría una TV digital" publicado el 25-04-08 en Convergencialatina http://www.convergencialatina.com/noticia.php?id=93107

"La inversión en TV digital rondará los US$ 400 millones" para Convergencialatina 27-02-08.

http://www.convergencialatina.com/noticia.php?id=91617

Longo, Fernanda (1998) "TV Digital: los empresarios apoyan la tecnología americana", publicada el 23-09-1998 en diario Clarín.

"Los lineamientos del proyecto de Ley de Radiodifusión", publicado como extra por el servicio de noticias web "A Diario" de Grupo Convergencia el 29-4-2008.

"Más de la mitad de los hogares estadounidenses posee un televisor digital"; lunes 31 de diciembre de 2007.

http://ve.invertia.com/noticias/noticia.aspx?idNoticia=200712311418_INF_609221

"Perú adoptó el estándar brasileño-japonés para TV digital y el apagón tecnológico será en 2019", publicado el 24 de abril de 2009 en Convergencialatina: http://www.convergencialatina.com/noticia.php?id=101352

"Por qué Uruguay definió por la norma europea". Canal- Ar, 10 de septiembre de 2007 http://www.canal-ar.com.ar/Noticias/NoticiaMuestra.asp?Id=4893

"Representantes de los estándares de TDT ofrecen créditos, entrenamiento e instalación de fábricas" publicado el 5-5-2008 en Convergencialatina. http://www.convergencialatina.com/noticia.php?id=93298

"Se retrasa hasta julio la elección de la norma de TDT para estudiar el estándar chino" publicado el 28-4-08 en Convergencialatina. http://www.convergencialatina.com/noticia.php?id=93132

Bizberge, A.(2007), "MediaFLO y DVB-H lideran la carrera por la TV móvil en Latinoamérica", en Anuario Latinoamericano Celulares 2007 "3G y nuevos servicios" de Convergencialatina.

www.ingramcontent.com/pod-product-compliance
Lightning Source LLC
Chambersburg PA
CBHW081516250726
48659CB00009B/2827